LECTURE GRADUÉE.

DEUXIÈME PARTIE.

ORTHOGRAPHE IRRÉGULIÈRE.

Corbeil, imprimerie de CRÉTÉ.

LECTURE GRADUÉE

OUVRAGE

DANS LEQUEL LES DIFFICULTÉS DE LA LECTURE SONT SIMPLIFIÉES ET PRÉSENTÉES GRADUELLEMENT.

DÉDIÉ AUX MÈRES,

PAR A. BONIFACE, INSTITUTEUR.

DEUXIÈME PARTIE.

ORTHOGRAPHE IRRÉGULIÈRE.

QUATRIÈME ÉDITION

J'aime l'enfance, et je veux vivre avec elle et pour elle.

Paris,

JULES RENOUARD ET CIE, LIBRAIRES,

RUE DE TOURNON, N° 6.

1845

LECTURE GRADUÉE.

DEUXIÈME PARTIE.

ORTHOGRAPHE IRREGULIÈRE.

Première leçon.

Consonnes redoublées qu'on prononce simples.

Si l'on fait épeler selon le nouveau mode, on aura soin de faire dire, ainsi qu'il suit, les mots *bonne, canne* : b[e], o, *bo* ; nn[e], e, *ne*, bonne ; c, a, *ca*, nn[e], e, *ne*, canne.

Donne ma canne. Ma bonne sonne. Une bonne année. Le vanneur vanne.

La chatte donne la patte. La poule gratte avec sa griffe pour nourrir sa petite famille ; c'est une bonne mère. Ma bonne m'a donné une bonbonnière. — Papa est allé à la ville, d'où il me rapportera un joujou. — Émile galope sur une canne ; c'est un cheval si commode : il ne lui cassera pas le cou. — L'été approche et l'on fera la moisson.

Deuxième leçon.

Consonnes finales nulles.

Dans l'épellation, on dira à l'enfant que la dernière lettre qu'il a nommée ne doit pas se prononcer, à l'exception de l'*r* et de l'*l* dans la leçon suivante.

Soldat, sapeur, sabot de bois, mouchoir blanc, fil retors, petit chat, char roulant, poil ras, il va courir sur nous.

Jules, veux-tu du tabac ? — Non, pas du tout, je suis trop petit ; — donne-moi du chocolat. — Je me suis donné un coup, — dit Charles à sa bonne, — vois donc, — mon sang coule. — Mon Dieu, je suis mort ! je suis mort ! — Tant pis pour toi, dit la bonne ; car tu n'as pas été obéissant, et tu te vois puni.

Voilà un petit marchand de biscuits, dis-lui de venir, ma bonne. — Plus tard, il repassera. — Non, tout de suite, je le veux. — Une petite fille ne doit pas dire je veux ; et pour vous punir, le petit marchand passera tout droit son chemin sans revenir.

Troisième leçon.

Consonnes finales nulles.

Bonjour, ma chère maman. — *Bonjour, Édouard, te voilà déjà levé !* — Oui, et je me suis levé tout seul, sans le secours de ma bonne. — *Tant mieux, mon ami. As-tu dit ta prière ?* — Oui, maman, et avec soin. Ne déjeunons-nous pas ? il est tard, je crois ? —*Non ; nous déjeunerons dès que ton papa sera arrivé de la promenade.* — Et s'il tarde à venir ? — *Nous déjeunerons sans lui, n'est-ce pas ?* — Non, maman, malgré mon appétit. Le voilà ! je le vois, le voilà. Bonjour, mon petit papa, tu dois avoir *, comme moi, bon appétit *. Où déjeunerons-nous ce matin ? — *Dans le grand jardin, près du taillis.* — Bravo ! bravo ! je cours devant

* L'élève prononcera sans doute *tu doi-avoir, bon-appétit ;* on lui demandera s'il prononce ordinairement ainsi, et comment il dit ; d'après sa réponse, on lui fera lire cette partie de phrase, et l'on fera de même pour les semblables où la liaison est nécessaire.

vous. — *Édouard, Édouard, ne cours pas comme un fou, tu te casseras le cou, et puis plus d'appétit.*

Quatrième leçon.

Exercice sur la lettre *h*.

On fera observer à l'élève que cette lettre est nulle pour la prononciation, excepté après un *c*, avec lequel elle fait *che*, et après *p*, qu'elle fait prononcer comme *f*.

On fera lire les syllabes suivantes :

ha, hi, ho, hu, hou, han, hoi, hui.
tha, thi, tho, thou, rha, rhi, rho.
cha, chi, cho, chu, che, chin.
pha, phe, phi, phu, phin, phon.

Le cheval hennit et galope. — Le loup hurle dans le bois. — Le lézard fuit à l'approche de l'homme. — Charles a un petit habit de drap gris, avec de jolis boutons ronds. — Papa arrivera à huit heures, et m'apportera un petit livre d'histoires. — Le tintamarre ou le grand bruit nous ahurit. — Le hibou est hideux. — Le voleur est hardi. — Médor est hargneux. — Le hussard a un grand sabre. — Le cahot de la voiture incommode. — Mon rhume est passé. — On boit le thé avec de la crême et du sucre. — La rhubarbe est amère. — La cahute est inhabitable. — Ne trahis pas ta parole. — Sois honnête. — Secours le malheureux. — Le phare est élevé. — Le phosphore brûle. — On lit l'épitaphe. — Nous savons l'orthographe. — L'éléphant est grand.

Cinquième leçon.

Es se prononce *è* dans les mots d'une seule syllabe.

C'est ici le lieu d'exercer l'enfant sur la distinction des syllabes.
Dans l'épellation des mots *les*, *des*, etc., on fera dire l, es (è), *les*; d, es, *des*; etc.

es, les, des, mes, tes, ses, ces.

Mes plumes, les poules, tes cartes, ses tasses, ces princes, ces rides, tu es bon.

Les fleurs sont odorantes et ont, pour la plupart, des couleurs vives. — *Tes joujoux sont avec tes livres, sépare-les.* — Mes frères ont des couronnes. — *Edouard a soin de ses livres.* — Tu es trop bonne, ma bonne. — On file avec un rouet.

Dans les phrases suivantes, on fera observer la liaison quand elle doit avoir lieu.

Tu es un phénomène. — Les ahuris se font du mal. — *Mes amis arriveront à onze heures.* — Louis soigne ses arbres ; il les ébranche, les émonde. — *Mes habits sont trop courts et trop étroits.* — Les hussards ont des moustaches noires. — *Les haricots sont de bons légumes.* — Les homards ont l'air de très grosses écrevisses. — *On porte des légumes dans des hottes.* — Tu feras des heureux. — *Les hommes sont soumis à Dieu.*

Sixième leçon.

1° *e* se prononce *è* lorsqu'il ne finit pas la syllabe.

Il sera bon de continuer ici l'exercice sur la division des mots en syllabes, et de faire remarquer la place de l'*e* dans les mots suivans : père, perte, mère, merle, sévère, verte, il espère, etc. Cette leçon présentant une grande difficulté, on exercera avec soin l'enfant sur les syllabes et les mots suivans :

ber, bel, bec, des, der, del, fes, fer, fec,
her, hel, les, ler, lec, mer, mes,
per, pel, rep, ter, ver, ves.

Ves-te ver-te, per-le es-timée, bel-le serviet-te, ver-dure super-be, fiel amer, lecture per-due, les res-tes du fes-tin, lunet-te net-te, chef habile, chien-ne prussien-ne, en-nemi pres-te, cet-te ser-viet-te, ter-re humec-tée, hiver sec.

Respecte ton père. — Cherche avec elle. — Cette odeur est infecte. — C'est une peste. — Le merlan est un poisson de mer. — La caverne est ouverte. — L'hiver a un terme. — Sa veste est festonnée. — L'escamoteur est leste. — Je t'avertis pour la dernière fois. — Le merle s'effarouche.

La fleur s'effeuille. — L'ennemi approche. — Les feuilles sont vertes. — Les portes sont ouvertes ou fermées. — Les vestes sont courtes.

2° *e* se prononce *è* avant *il, ill.*

eil, leil, soleil ; eille, beille, corbeille, veille ; seille, vieillesse, réveil, orteil, bouteille.

Respecte le vieillard. — Le soleil brille. —Ses lèvres sont vermeilles.—Tes corbeilles sont vides. — Débouche des bouteilles. — La bonne mère veille sur sa fille. — Mon petit frère sommeille, ne le réveille pas.

Septième leçon.

1° *ei* se prononce *è*.

ei, lei, baleine, haleine ; pei, peine, reine, veine, la Seine, un peigne, bouteille pleine, le seigle, treize, seize.

Le Seigneur le bénira ; il veille toujours sur

toi. — Épargne à ta mère la peine de te punir. — La baleine est très grosse ; c'est la reine des mers. — On moissonne le seigle. — Si l'on court trop fort, on perd haleine. — Le sang coule dans les veines. — La baleine est pleine. — C'est de la peine perdue. — Treize et trois font seize. — Le Seigneur inspira les prophètes.

2° *é* se prononce *è* long.

fête, tête, bête, pêche, hêtre, chêne, frêne, blasphême.

Maman, c'est ta fête. — Les fleurs me font mal à la tête. — La fenêtre est-elle ouverte ? — La mule est têtue. — Ces pêches sont superbes. — La grêle détruit l'espoir d'une bonne moisson. — Ho ! la grosse bête ! — Maman, es-tu prête ? — Le prêtre est respectable. — Le hêtre et le chêne orne*nt* les forêts.

Huitième leçon.

1° *ai* se prononce *è*.

ai, mai ; ais, mais; ait, lait; aid, laid; haine, haire, plaire, traire, graisse, laie, plaie, haie, jamais, panais, je parlais, il parlait, les maîtres parlai*ent*.

L'aigle est le roi des airs; ses ailes sont grandes et fortes, et, avec ses serres cruelles, il ravit les brebis errantes dans la plaine, et les porte dans son aire à ses aiglons pour leur servir de nourriture.

Laisse-moi faire. — L'âne brait. — On trait la vache, la chèvre et l'ânesse. — Le lait d'ânesse est salutaire pour la poitrine. — Ma marraine arrivera la semaine prochaine, et elle m'apportera une corbeille pleine de papillottes, et une douzaine de biscuits. — La haie est épaisse. — Donne-moi de la monnaie.

2° *et* final se prononce è.

et, met, cornet, bonnet, alphabet, archet, beignet, buffet, effet, ferret, hochet, juillet, poignet, aigrelet, clairet, maigret.

Si j'étais honnête, maman me donnerait un cornet de bonbons ; j'aimerais mieux une belle montre avec un cachet. — Aimes-tu les beignets et les crêpes ? — On fait les beignets avec des pommes de reinette. — Le brochet est un poisson très gourmand. — Le pistolet fait du bruit. — Le chasseur a un sifflet. — Les lièvres aime*nt* le serpolet.

TABLEAU DES IDENTIQUES * DU SON

È.

è

e	ê	ei	ai	et
mer	être	reine	ailé	met
fer	hêtre	Seine	aigre	poulet
fier	prêtre	peine	aigle	valet
cher	prêts	peigne	mai	bonnet
peste	chêne	teigne	mais	beignet
verte	même	seize	fait	ferret
hiver	bête	treize	lait	sifflet
serpe	prêt	seigneur	laid	sujet
insecte	apprêt	beignet	frais	crochet
inepte	benêt	haleine	biais	brochet
estime	forêt	veille	essai	boulet
effort	arrêt	éveil	balai	un mets
pelle	des têtes	treille	souhait	un rets
ennemi	des prêts	soleil	attrait	des muets
erreur	des têts	abeille	étaie*nt*	des effets

* On entend ici par identiques, des lettres qui ont le même son ; ainsi : *ai*, dans aime ; *ei*, dans peine ; *ê*, dans fête ; *e*, dans peste, *et*, dans bonnet, sont identiques de *è*.

Neuvième leçon.

RÉCAPITULATION DES IDENTIQUES DU SON *è*.

Le bûcheron coupe du bois dans la forêt. — La poule veille sur ses poussins, et les cache sous ses ailes ; et elle gratte la terre pour les nourrir. — L'aigle traverse les airs. — La baleine est la reine des mers. — Maman, c'est ta fête, je te la souhaite. — Si j'avais des fleurs, je te les donnerais, mais je ne puis t'offrir que mon amour et mes souhaits. — L'araignée est une vilaine bête avec ses grandes pattes ; mais elle est très habile à faire sa toile. — Le Seigneur est tout-puissant ; il gouverne tout l'univers, dont il est le créateur et le maître. — Aide-toi, dit le proverbe, et Dieu t'aidera. — Que peut-on faire sans l'aide ou la permission de Dieu ?

Dixième leçon.

SUITE DE LA RÉCAPITULATION.

LA SOURIS ET SA FILLE, FABLE.

Une souris avait plus d'une fois échappé à la griffe du chat ; et craignant pour sa fille, elle lui adressait les conseils suivans : Garde-toi, ma fille, de sortir sans moi, car Minet veille, et cette vilaine bête te déchirerait. Mais la jeune souris dédaigna les avis de sa mère, dont la peine fut perdue.

Ma mère, disait-elle, est trop défiante, et me croit une sotte ou une ahurie. Minet me paraît être une bonne bête ; il a l'air si doux, pourrait-il me faire du mal? D'ailleurs, ne suis-je pas alerte et éveillée?

Et s'il courait après moi, je retournerais bien vite dans mon trou.

Comme l'étourdie discourait de la sorte, elle vit une croûte de pâté sous le buffet: Ma mère est loin, dit-elle, Minet est sans doute à courir sur les toits, profitons de la conjoncture, et régalons-nous. Elle sortit à l'instant de son trou; mais le traître de Minet se tenait à l'affût, et, d'un coup de patte, la terrassa, et la déchira sans pitié.

Onzième leçon.

1° *q*, *qu* } se prononce c.

coq, qua, quo, qui, que, ques, què, quin, coquin, question, quête, coquet, hoquet, phoque, quai, quand, quart, quiconque, quoique, quiproquo.

Le coq chante, le fouet claque, la bourrique brait. Que croques-tu là? Des croquignoles. Qui aimes-tu? Du croquet et des beignets. Quel est le coquin qui t'a attaqué sur le quai Malaquais?

LE COQ.

Maman, Véronique m'a dit que le coq chante quand le soleil se lève. Est-ce vrai? — *Du moins il chante de bonne heure, et réveille toute la basse-cour; c'est pourquoi on l'appelle quelquefois réveille-matin. Si un jour tu n'as pas trop de peine à sortir de ton lit, nous irons dès quatre heures hors de la ville, et son coquerico ne tardera pas à parvenir à nos oreilles.* — Oh! je me lèverais à trois heures, s'il le fallait.

2° *ch* se prononce c (qu) principalement dans:

Chorus, Christ, chronique, orchestre, chaos, écho. Fais *chorus;* maladie *chronique;* bon *orchestre;* tout sortit du *chaos;* le *Christ* établit le christianisme; écoute l'*écho*.

3° *k* se prononce comme *c* (que) dans :

Café *moka*, habit de *nankin*, meuble de *pékin*, joli *kiosque*.

TABLEAU DES IDENTIQUES DE

C.

q	comme dans	coq.
qu		coquin, quart, quête, quitte.
ch		chorus, écho, orchestre.
k		moka, nankin, kiosque.

---

gu se prononce *g*.

gue, gui, gua, guon, guais, guin, guer.

Le chat guette la souris, à qui il fait la guerre. Le rat a une longue queue et n'a guère de poil. Aimes-tu les figues, les guignes? Les meringues sont pleines de crême. Le soldat a des guêtres.

LE PETIT GOURMAND PUNI

Un petit gourmand guettait un pot de lait que sa bonne avait mis devant le feu. Dès qu'elle eut le dos tourné, il se glissa comme un chat vers le pot, et, avec une petite tasse qu'il tenait, il prit du lait, qu'il voulut boire; mais le lait étant tout bouillant, le petit coquin se brûla la langue, et si fort, qu'il s'écria : Oh! là, là! ma langue, ma langue! Sa bonne accourut, et vit tout de suite le sujet de sa peine. Elle se moqua de lui, à quoi il ne fit nulle réplique, car il se trouvait trop sot pour répondre comme à son ordinaire. Il resta tout honteux. Et jusqu'à ce qu'il fût guéri, tout ce qu'il prenait de nourriture lui paraissait insipide.

Douzième leçon.

1° *g* se prononce *j* avant *e*, *i*.

ga, ge, gi, go, gou, gai, gè, gî, gu, goi, gir, ger, gan, gin, gon, gé.

L'hiver il gèle fort ; la neige et le givre couvr*ent* la plaine et les arbres. — Privé de feu, le malheureux gémit dans son gîte; soulageons-le dans sa peine, le Seigneur nous bénira. — Quelle sagesse dans les ouvrages du Tout-Puissant ! — Il nous protége et nous guide. — Les doigts ont des phalanges. — Ne te gêne pas. — Le genêt d'Espagne est joli. — J'étudie la géographie. — J'avais un gilet rouge.

2° *ge* se prononce *j*.

gea, geo, geon, geai, geoi.

Il mangea un pigeon, le cheval dérangeait sa mangeoire.

Jouons à pigeon-vole. — Obligeons nos amis. — Ne négligeons pas nos devoirs. — On donne de la mangeaille à la volaille. — Une souris rongeait un fromage, la domestique mit le chat dans le buffet, et le coquin mangea d'abord la souris, et le fromage après.

LE BON PETIT CHARLES.

Charles était si sage, si tranquille et si obligeant, que tout le monde l'aimait. L'interrogeait-on, il répondait toujours avec honnêteté, et d'une manière tout à fait obligeante. Il était très prévenant pour chacun, et chacun agissait de même à son égard. Sa marraine lui apporta un jour un petit violon avec un archet d'acajou. Oh ! qu'il était heureux ! C'est ce qu'il souhaitait depuis une année. A peine eut-il tiré quelques sons discordans, que sa maman lui dit : Un peu moins de tapage, tu me casses la tête. Que fit Charles, lui qui aimait tant sa mère ? il cessa tout à coup, laissa là son joujou favori, et se mit à voir les images d'un livre qu'on lui avait donné la veille.

Treizième leçon.

1° *s* se prononce *z* entre deux voyelles *.

Dans l'épellation, le *s* prendra le son de *z* lorsqu'il se trouvera entre deux voyelles.

a, é, è, e, i, o, u.

a*s*e, é*s*i, i*s*on, o*s*a, u*s*é, a*s*i, e*s*a.

Va*s*e, phra*s*e, pha*s*e, ti*s*on, ro*s*e, ru*s*é, a*s*ile, thè*s*e, frai*s*e.

LA CUISINE.

Je désirerais être Azor, disait un jour à son cousin le paresseux Isidore. Il mange à loisir, sommeille

* Si l'enfant ne sait pas encore distinguer les voyelles des consonnes, il sera essentiel de les lui faire connaître ici.

tout à son aise, s'amuse toute la journée, et ne fait pas grand'chose, sinon qu'il garde la maison. Sa mère qui l'écoutait, lui dit qu'elle allait satisfaire son désir, et le conduisit à la cuisine, où Azor travaillait depuis la veille. Quelles furent sa surprise et sa confusion quand il le vit exposé à un grand feu, et tournant avec peine la broche à l'aide d'une roue où on l'avait mis. Le sort d'Azor ne lui parut plus si désirable, et l'on dit même qu'il se corrigea de sa fainéantise.

2° *c* se prononce *s* avant *e*, *i*.

Dans l'épellation, *c* prendra le son de *s*.

ceci *.

ca, ci, co, cé, cu, cè, cou, ce.
cela, civet, certaine, porcelaine, cep,
céleste, ciel, cierge, cilice,
cinq, précise.

Ce joli bouquet de roses me plaît. — Dans cette salade on met du céleri. — Voici mon papa. Oh ! c'est lui-même. — On dit que la cigale chante, mais cela

* Mot auquel on aura recours en cas d'erreur de la part de l'enfant.

n'est pas vrai. — J'aime mieux le cidre que la bière. — Les cosaques ont de longues lances qu'ils agit*ent* avec habileté. — L'once est féroce, le loup vorace, l'aigle rapace.

3° *ç* se prononce *s*.

ça, ço, çon, çu, çoi, çais.

Le poinçon perça le doigt du petit garçon. Une leçon de français.

Un petit garçon ne doit jamais faire de grimaces ; cela est si laid. — Un petit garçon docile, studieux, sait toujours sa leçon. — Qui est-ce qui construit la maison? — C'est le maçon. — Qu'as-tu reçu pour tes étrennes? — De fort bonnes choses : un fusil, un sabre de hussard, une giberne, un casque, des pistolets de bois qui ne sont pas dangereux, des quilles, une ligne, des hameçons et un filet pour la pêche, des maisons à construire, un superbe polichinelle, des images, des figues, des oranges, des fruits confits et une boîte pleine de bonbons délicieux. N'étais-je pas très heureux ?

Quatorzième leçon.

t a le son de *s*.

1° Dans

nation, notion, potion, addition, perdition, discrétion, attribution, contribution, action, fonction, affliction.

et autres mots en *tion*, excepté

bastion, gestion, ingestion.

Une potion pour l'indigestion. Cette maison est une bonne acquisition. J'accepte votre aimable invitation.

2° Dans

partial, martial, nuptial, partiel, substantiel, balbutier, initier, captieux, factieux, séditieux, prophétie, facétie, ineptie, minutie.

Un juge partial. Un repas nuptial. Une nourriture substantielle. Ce petit garçon balbutie. C'est une minutie.

Quinzième leçon.

RÉCAPITULATION.

LES GRIMACES.

LES GRIMACES! CELA TE FAIT RIRE; MAIS NOUS VERRONS TOUT A L'HEURE SI CETTE HISTOIRE EST SI RISIBLE, ET SI ELLE NE TE FERA PAS HONTE, — DISAIT UNE FOIS MADAME MORICE A SON FILS, QUI NE CESSAIT DE FAIRE DE LAIDES GRIMACES ET DE CONTREFAIRE TOUT LE MONDE.

Un petit garçon d'une jolie tournure et d'un charmant visage avait pris une très vilaine habitude; c'était de se rire des infirmités de certaines personnes et de les contrefaire, ce qui est une très vilaine action. Il se souciait peu des reproches que lui attirait une si affreuse conduite, et il aimait mieux divertir, par ses gestes, ses facéties et ses grimaces, quelques-uns de ses petits camarades qui n'étaient pas moins sots que lui. Mais qu'arriva-t-il ? C'est qu'à force de contrefaire ces malheureux, il perdit toute la grâce de son corps, la régularité et la finesse de ses traits, et devint tout contrefait et si laid qu'on ne le reconnaissait plus. Sa mère lui fit voir à lui-même toute sa laideur, en lui montrant un joli portrait qu'elle avait de lui, et en l'obligeant à voir dans une glace son visage hideux et sa taille difforme, ce qui lui fit si peur et tant de peine qu'il jura, mais trop tard, de ne plus faire de grimaces.

EH BIEN ! AJOUTA MADAME MORICE, QUE DIS-TU DE CETTE HISTOIRE ? — OH ! MAMAN, RÉPONDIT ÉDOUARD, JE VOIS QU'ELLE EST FAITE POUR MOI, ET JE TE PROMETS QU'ELLE ME CORRIGERA. ÉDOUARD TINT PAROLE, ET IL DEVINT AIMABLE POUR TOUT LE MONDE, ET SURTOUT POUR CES INFORTUNÉS DONT IL S'ÉTAIT TANT DE FOIS MOQUÉ.

TABLEAU DES IDENTIQUES DE

S.

SS	comme dans	passion, commission.
C		ceci, acide, sincère.
Ç		garçon, façon, reçu.
T		nation, potion, action.

Seizième leçon.

au }
eau } se prononce *o*.

au, bau, baudet, baume, mauvais, haut, caution, précaution, cause, auge, sauge, faute, dauphin.

eau, beau, corbeau, agneau, berceau, cerceau, faisandeau, faisceau, museau, taureau, terreau, vaisseau, badaud, nigaud, chaud, défaut, artichaut.

LE PETIT OISEAU.

Oh ! maman, maman, vois le beau petit oiseau que Moreau m'a donné. — *Où l'a-t-il pris ?* — Sur une branche du grand chêne qui est derrière la maison. — *Le pauvre petit ! à peine a-t-il quelques plumes.* — Aussi, vais-je le mettre avec précaution dans un petit nid de coton ou de duvet. — *Il aurait beaucoup plus chaud sous l'aile de sa mère.* — Il ne manquera ni d'échaudés, ni de lait, ni de sucre, ni même de meringues. — *Un chétif vermisseau lui vaudrait mieux.* — Mais sa cage sera si jolie ; car tu me prêteras celle de tes serins que ce maudit chat a croqués, n'est-ce pas, maman ? — *Oui ; mais toute belle qu'elle est, cette cage n'est pas moins une prison.*

— Oh ! maman. — *Dis-moi, mon cher Garrigues, serais-tu heureux, serais-tu à ton aise loin de moi?* — Oh ! non, je serais dans une grande affliction. — *Tu serais dans une jolie maison, mais de laquelle tu ne pourrais sortir.* — Ce serait pis. — *Privé de ta*

nourriture ordinaire ? — Pour le coup, je mourrais de désespoir ; mais pourquoi, ma bonne mère, me dis-tu tout cela ? Je ne suis pas un moineau, et un moineau. . . . — *Un moineau, mon bon ami, est une créature de Dieu, un être que Dieu aime et protége ; nous ne devons donc pas le faire souffrir sans nécessité.*

Dix-septième leçon.

1° *er* à la fin des mots se prononce généralement *é*.

soulier, panier, horloger, clocher, bûcher, aimer, balbutier, annoncer, faucher, hacher, prêcher, chercher, peiner, peser, dédommager, chauffer, orthographier, baigner, prodiguer, mouiller, manquer.

Le cuisinier sort du poulailler, il a pris un poulet qu'il veut tuer pour notre dîner. Pauvre petite bête ! Je n'aurais jamais un tel courage.

Qui est-ce qui rase ? C'est le barbier ou le perruquier. — Nous avons dans notre rue un mercier, un épicier, un boucher, un bottier, un papetier et un boulanger.

2° *ez* final se prononce *é*.

Le nez, assez, vous parlez assez, annoncez, hachez, cherchez, vous me peinez, chauffez-vous.

Votre papa est-il chez lui ? — Non, Madame, mais veuillez vous reposer, et il ne tardera pas à revenir. Je vais le chercher. Vous avez assez joué. Ne jouez plus ; vous vous casserez le nez. Étudiez votre leçon, et vous me la réciterez. Honorez Dieu, priez-le, aimez-le et craignez de lui déplaire.

3° *ai* final se prononce *é* à la fin des noms d'action ou verbes.

j'ai, j'aurai, j'aimerai, je faucherai, je pèserai, je me chaufferai, je me baignerai, je manquerai, je songeai, je mangeai, je forçai, je l'apostrophai.

TABLEAU DES IDENTIQUES DU SON

É.

AI,	comme dans	j'*ai*, j'aur*ai*, je fer*ai*, etc.
EZ,		ven*ez*, chant*ez*, jou*ez*, etc.
ER,		pani*er*, souli*er*, parl*er*, jou*er*.

La semaine prochaine j'irai faire une longue promenade ; j'attraperai des papillons, et je m'amuserai beaucoup. La semaine dernière j'allai à la campagne où je m'amusai beaucoup.

er dans les mots suivans se prononce *èr*.

Le vaisseau vogue sur la *mer*. — Adieu, mon *cher* ami. — Cette potion est un breuvage *amer*. — L'aigle est *fier* de sa force. — *Hier* je montai au *belvéder*. — Le *fer* est plus utile que l'or. — Le *magister* est un maître d'école de village. — L'*éther* est une liqueur très volatile. — Le *ver* se recroqueville. — L'*hiver* est glacial.

L'ANE SAVANT.

JULES. Maman, pourquoi cet âne que nous avons vu hier avait-il un bonnet sur la tête ?

Madame Boucher. *C'est l'âne savant avec son bonnet de docteur.*

Jules. L'âne savant ! Vous voulez plaisanter, maman; est-ce qu'un âne est savant ?

Madame Boucher. *Cela n'est pas ordinaire ; mais celui-ci est assez instruit, autant du moins qu'une bête peut l'être.*

Jules. C'est pourquoi il paraissait si fier. Cet homme qui le faisait tourner est sans doute son magister. Mais que sait-il donc ?

Madame Boucher. *Beaucoup de choses. Avec son pied il indique l'heure qu'il est à une montre ; il calcule avec assez de précision ; il distingue les métaux, le fer de l'acier, le cuivre de l'or; il devine quel est le plus gourmand de la société.*

Jules. Oh ! maman, je ne voudrais pas me trouver avec lui.

Madame Boucher. *Tu as raison; tu pourrais éprouver quelque humiliation.*

Jules. Mais, maman, de quelle manière peut-on parvenir à instruire un tel animal ?

Madame Boucher. *Ceci est autre chose; je te le dirai plus tard.*

Jules. Oh ! maman, apprenez-le-moi aujourd'hui, je vous prie.

Madame Boucher. *On ne peut guère arriver à un*

tel résultat qu'avec beaucoup de peine et de rigueur ; on a même recours aux coups de bâton.

JULES. Oh ! pour cette fois, docteur, je ne veux plus de ton savoir ; cela coûte trop cher.

MADAME BOUCHER. *Mais tu sais qu'on ne nous instruit pas de la même manière.*

LE PETIT JULES.

Hier, le petit Jules, étant à se promener avec sa bonne, aperçut un pauvre dont la situation lui fit beaucoup de peine.

Sa mère lui avait donné un sou pour acheter un gâteau, et cet aimable petit garçon le lui donna aussitôt, lui disant : Tenez, voilà un sou, je n'ai que cela. Si c'était aujourd'hui dimanche, j'aurais deux sous dans ma belle culotte, et je vous les donnerais avec plaisir. Oh ! le bon petit Jules ! Mais ce petit garçon si bon fait quelquefois le mutin, ce qui n'est pas beau. Il fait des grimaces à sa bonne, lui échappe dans la rue et se sauve comme un petit polisson. Un beau jour un chiffonnier le mettra dans sa hotte, et adieu le petit Jules : on ne le verra plus.

L'ÉTOURDI.

Qu'aviez-vous à pleurer tout-à-l'heure ?

Regardez, maman, j'ai saigné du nez.

Hé quoi ! vous pleuriez pour si peu de chose ?

C'est qu'on n'aime pas à voir couler son sang; d'ailleurs, cela m'a fait beaucoup de mal.

De quelle manière cela vous est-il arrivé?

C'est cette vilaine chaise sur laquelle j'étais à genoux, et elle m'a fait faire la culbute.

Et vous l'appelez vilaine pour cela? — *Mais, oui.*

C'est qu'elle est allée sans doute vous prier de lui faire l'honneur de vous servir de monture....

Vous vous moquez, maman. — Jugez donc lequel de vous deux a tort, et vous verrez que les étourdis seuls méritent d'être réprimandés.

Dix-huitième leçon.

LES ABEILLES.

Mme B. VOILA UNE RUCHE D'ABEILLES ; COMME ELLES SONT ACTIVES ! COMME ELLES SONT LABORIEUSES ! L'INTÉRIEUR DE CETTE RUCHE PROUVE LEUR HABILETÉ. AVEC QUELLE RÉGULARITÉ LEURS CELLULES SONT FAITES ! UNE SEULE ABEILLE SE REPOSE, C'EST LA REINE QUI DIRIGE TOUTES LES AUTRES.

CHARLES. *Mais l'abeille est un méchant insecte, son aiguillon me fait peur.*

Mme B. La plupart des animaux ont reçu de Dieu la faculté de fuir ou de repousser l'attaque de l'homme, et l'abeille ne nous pique guère que lorsque nous l'irritons ; alors, dis-moi, quel est le plus méchant? celui qui provoque, ou celui qui se voit obligé de repousser l'attaque ?

CHARLES. *Je vois mon tort, et je n'irai plus auprès de la ruche pour chasser les abeilles.*

L'ANE.

L'âne diffère du cheval par la petitesse de sa taille, la longueur de ses oreilles, par sa démarche ignoble et par son braire insupportable. On lui reproche d'être indocile et têtu, c'est-à-dire obstiné. A cet égard, ne connaissez-vous pas un petit garçon à qui l'on peut faire le même reproche, et même avec plus de motifs, parce qu'il a sur cet animal l'avantage de la raison, et qu'on le traite toujours avec douceur? L'âne a donc quelques défauts; mais aussi, que de bonnes qualités il possède! Cet animal domestique aime le travail, il est sobre, et ne se montre difficile qu'à l'égard de l'eau, qu'il ne veut boire que très claire : on a donc tort de le mépriser. Il est d'un grand secours pour le pauvre villageois, qui n'a pas le moyen de nourrir un cheval.

Dix-neuvième leçon.

Maman! quel est ce grand oiseau que nous avons vu au Jardin des plantes et qui a de si petites ailes? — *C'est l'autruche à laquelle on fait la chasse à cause de ses plumes qui sont très recherchées.* — Comme cellesdc ton chapeau de velours, n'est-ce pas? — *Oui, mon ami.* — L'autruche doit être facile à attraper, elle a de si petites ailes, ce n'est pas comme l'aigle qui se perd dans les airs. — *Oui, mais sa course est des plus rapides, et ses ailes, toutes petites qu'elles sont, la favorisent beaucoup ; aussi l'attrape-t-on avec peine, quoique les chasseurs soient montés sur des chevaux très légers.*

— Je ne l'aurais jamais cru. — *Ce qui est singulier, c'est que quand elle ne peut plus éviter le danger, elle cache sa tête, et dès qu'elle n'aperçoit plus les chasseurs, elle se croit à l'abri.* — Oh! la sotte! — *N'êtes-vous pas aussi sot quand vous vous cachez pour faire quelque chose de mal, et que vous vous imaginez n'être pas vu? Car vous n'ignorez pas que quelqu'un vous voit toujours, quelque peine que vous preniez pour vous cacher.* — Oui, maman, c'est Dieu, qui voit tout ; aucune chose ne peut lui être cachée.

Vingtième leçon.

Cette leçon est extraite, avec quelques modifications, d'un excellent ouvrage de lecture suivie, composé par un véritable ami de l'enfance. Ce sont les *Petits livres du père Lamy*, que je recommande particulièrement avec les *Lectures graduées de l'abbé Gaultier*, comme pouvant servir de complément à mon ouvrage, ainsi que mon *Mémorial poétique de l'enfance* *.

LE COCHON.

Aimez-vous le lard? Aimez-vous le cervelas? Aimez-vous le saucisson? Aimez-vous le boudin? — Oui. — Alors ne dites pas trop de mal du cochon; car c'est lui qui vous procure toutes ces bonnes choses, dont vous vous régalez. Il n'a pourtant pas l'air aimable, il faut convenir de cela. Regardez comme ses

* Chez Jules Renouard et comp., rue de Tournon, nº 6.

pieds, son corps et son groin sont sales. Il fouille dans toutes les ordures qu'il trouve. C'est une chose si dégoûtante et si honteuse que la malpropreté! je vous recommande, mes petits amis, de vous tenir toujours propres. Si vous n'avez pas soin de vous débarbouiller, si vous restez couverts de crasse et d'ordure, on dira de vous que vous êtes de petits cochons, et cela n'est pas beau.

LE DINDON.

AVEC SA QUEUE IL FAIT LA ROUE D'UN AIR FIER, QUOIQU'IL SOIT TRÈS STUPIDE ; IL EST COMME UN PETIT GARÇON IGNORANT QUI SERAIT GLORIEUX D'AVOIR UN BEL HABIT : SES CAMARADES SE MOQUERAIENT DE SA SOTTISE OU AURAIENT PITIÉ DE LUI.

Vingt et unième leçon.

am	*se prononce*	an
om		on
im		in
um		un

Dans l'épellation moderne, on ne fera point séparer l'*m* de la voyelle, on fera prononcer *an, in, on, un.*

jambe, rampe, crampe, ombre, pompe, bombe, tombe, guimpe, simple, timbre, parfum, humble.

Le ver *rampe*. On a la *crampe* au pied. Les *flambeaux* ornent la cheminée. On lance la *bombe*. A la noce on fait *bombance*. On peut se *tromper*. Ne nous moquons pas de *l'imbécille*. Le bon juge est *impartial*. Le petit garçon *impoli* n'est pas aimé. Les *simples* sont des plantes médicinales. Le *timbre* est sonore. Adresse au Seigneur une *humble* prière.

OCTAVE.

Octave courait à toutes jambes dans un champ, malgré sa maman, qui lui criait: Tu vas te rompre le cou. Qu'arriva-t-il? Une grosse pierre fit tomber le petit impétueux, qui se releva tout honteux, le nez tout sanglant, et avec une si forte blessure à la jambe qu'il lui fut impossible de marcher le reste de la journée, ce qui lui causa beaucoup de peine. Un autre jour, trompant la vigilance de son maître, il grimpa sur un arbre, à l'aide d'une planche; mais il lui fut impossible d'*en* descen*dre*. Ce qui l'affligeait le plus, c'étaient les railleries de ceux qui venaient le voir perché de la sorte. On l'*y* laissa jusqu'au soir, et il se trouva si humilié qu'il ne songea plus à grimper sur les arbres, et fut plus disposé à l'obéissance.

L'obéissance prompte est le second devoir
Que la raison impose avec droit au jeune âge;
Quand un père commande, il est aisé de voir
Que ses ordres ne sont que pour notre avantage.

Vingt-deuxième leçon.

1° *an, on,* avant *n; am, om,* avant *m,* perdent l'*n* et l'*m* dans la prononciation.

bonne pomme, donne la somme, bonne année, comme la flamme.

Voilà une bonne canne. Hanneton, vole, vole, vole! Donnez-moi une pomme, s'il vous plaît. La flamme brille. Le gramme est un petit poids. On chante la gamme.

2° On fera prononcer les deux *n* et les deux *m* dans les mots suivans en italique.

Pâques est une fête *annuelle*. Un *annuaire* est un livre publié tous les ans. On *annulle* un traité.

L'âme est *immortelle*. Ces rivières sont *innavigables*. Les étoiles sont *innombrables*. La parole de Dieu est *immanquable*, lui seul est *immuable*.

Et ainsi de suite des mots commençant par *imm*, *inn*.

LE PEUREUX.

A quoi peut-on comparer le peureux ? Le peureux est comme le lièvre qui s'effraie de tout ce qui l'environne, de l'ombre même de ses oreilles; une feuille qui tombe le rend immobile ou le fait fuir.

M. Adam. *Paul, va me chercher ma canne qui est dans ma chambre.*

Paul. O mon papa ! il fait trop sombre. Ma bonne, allez la chercher ou accompagnez-moi.

M. Adam. *Comme tu es poltron! Je veux que Jeannette reste ici, et je t'ordonne d'y aller seul.*

PAUL. Sans lumière?

M. ADAM. *Allons, voilà un flambeau, et hâte-toi.*

PAUL, TENANT LE FLAMBEAU AVEC PEINE, ET CRAIGNANT A CHAQUE INSTANT QU'IL NE S'ÉTEIGNE, TRAVERSE, NON SANS HÉSITER, LA SALLE A MANGER; ET, PORTANT A GAUCHE UN REGARD MAL ASSURÉ, IL APERÇOIT SON OMBRE, ET A SI PEUR QU'IL PERD LA RESPIRATION, RESTE TOUT IMMOBILE, PERSUADÉ DE VOIR UN HOMME COUCHÉ PAR TERRE. SON FLAMBEAU VACILLE, L'OMBRE FAIT DE MÊME. PAUL VA CRIER DE TOUTES SES FORCES; MAIS IL VOIT AUSSITOT SON ERREUR, ET SE RÉJOUIT DE N'AVOIR PAS DONNÉ LIEU A UNE JUSTE RAILLERIE; RASSURÉ, IL FREDONNE UN PETIT AIR, COMME FONT TOUJOURS CEUX QUI ONT PEUR, ET TRAVERSE LE SALON A PAS COMPTÉS; IL OUVRE LA PORTE DE LA CHAMBRE, ET, JETANT SES REGARDS SUR LE FAUTEUIL DE SON PÈRE, IL POUSSE UN GRAND CRI, LAISSE TOMBER LE FLAMBEAU, ET SE SAUVE.

PAUL. Au secours! au secours! papa, je suis mort!

M. ADAM. *Hé, qu'as-tu donc? que t'est-il arrivé?*

PAUL. Ah! mon papa! pour le coup, c'est la vérité.

M. ADAM. *Mais quoi donc!*

PAUL. Une grosse bête... toute noire... toute rouge... dans ta chambre.

M. Adam. *Pauvre sot, tu as peur de ton ombre.*

Paul (avec précipitation). Oh ! mon papa ! à la bonne heure dans la salle à manger ; mais là, c'est une autre affaire, je suis sûr que c'est un ours, oh ! je ne me trompe pas.

M. Adam. *Que tu es simple ! nous n'avons point d'ours dans cettecontrée.*

Paul. Alors ce sera un loup ou quelque autre bête cruelle.

M. Adam. *Tu vas voir que c'est au contraire quelque nouvelle sottise de ta part. Suis-moi.*

M. Adam le mena dans la chambre ; la cause de sa terreur était un gros perroquet empaillé qu'on avait posé sur le fauteuil. La honte de Paul fut a son comble ; il se promit de se corriger de sa poltronnerie, et s'imposa lui-même l'obligation d'aller sans lumière dans toutes les parties de la maison.

Vingt-troisième leçon.

Cette leçon présentant de grandes difficultés, exige beaucoup d'exercice.

1° *en* / *em* } se prononcent *an*.

encens, enfant, entendre encore, ensemble, emporter, tremper, trembler, emmener, empeigne, embrassement, enrhumer, entonnoir, environner.

La Pentecôte et l'Assomption sont des fêtes annuelles.

L'enfant encore faible balbutie. Allons ensemble à la campagne, selon notre convention. Cet enfant est mort d'une inflammation de bas-ventre. Ne condamnons pas sans entendre, et ne jugeons pas avec prévention. Le singe ressemble à l'homme. L'attention est essentielle pour apprendre; la patience ne l'est pas moins. Rendons des actions de grâces au Seigneur qui ne cesse de prendre soin de nous, qui veille à tous nos besoins, et qui nous a enseigné lui-même à être bons, charitables, sincères, dociles, modestes, patiens et tempérans.

LE JOLI SERIN.

Un enfant nommé Martial avait envie d'un petit serin, et supplia sa mère de lui en donner un. A peine fut-il acheté, que Martial, impatient d'en jouir, s'empressa de le mettre en cage ; enchanté de posséder un oiseau si joli, il ne le quittait pas, l'empâtait de colifichet, de biscuit et de sucre ; enfin il ne cessait de le prendre pour le baiser ; mais il tourmenta si souvent cette pauvre bête, qu'elle en tomba malade, ne mangea plus et mourut au bout d'une semaine. Martial fit retentir l'appartement de ses lamentations, car il était d'un bon naturel, et l'on ne put le consoler qu'en lui rendant son oiseau chéri joliment empaillé.

C'EST LE CHAT.

Madame Lacombe disait un jour à sa fille en rentrant dans sa chambre : *On a renversé ma lampe, est-ce toi, Henriette ?* — Non, maman, c'est le chat.

Une autre fois la maman s'aperçut que, pendant son absence, on avait furtivement enlevé la crême de son lait : *Henriette,* dit-elle, *qu'avez-vous fait ?* — Quoi ! maman ? — *Vous avez touché à ce lait.* — Non, maman, c'est encore le chat. — *Vous en imposez, mademoiselle.* —C'est aussi vrai... maman...que... — *C'est donc aussi le chat qui a entamé ma tablette de chocolat?* — Sans doute, dit Henriette en tremblant. — *Ah! gourmande, vous êtes aussi une menteuse, car je vois vos dents toutes noires de chocolat. C'est vous qui êtes le chat.*

Henriette fut renvoyée dans sa chambre où elle pleura long-temps.

Le jour suivant, Minet grimpa sur la toilette et y gambada tellement qu'il renversa la glace et la brisa. Tout le tort retomba sur Henriette, qui eut beau s'en défendre. On ne la crut pas, parce qu'elle avait menti la veille, et elle fut punie comme si elle avait été coupable du dégât.

ON NE CROIT PAS LE MENTEUR, MÊME QUAND IL DIT LA VÉRITÉ.

Celui qui dans sa faute au mensonge a recours,
Par son mensonge encore à cette faute ajoute.
Quel que soit, mes enfans, le mal qui vous en coûte,
Dites la vérité; l'on y gagne toujours.

(MOREL DE VINDÉ.)

2° *en* se prononce *ène* dans les mots suivans en italique.

On combat l'*ennemi*. Le *renne* est encore plus

utile au Lapon que le cheval ne l'est à nous. *Turenne* fut un grand capitaine. Le papillon a des *antennes*. Au nouvel an mes parens m'enverront des *étrennes* et m'emmèneront à *Vincennes* avec mon cousin *Étienne*. La *chienne* aboie.

Et ainsi de suite des mots en *enne*.

3° *en* se prononce *in* après *i* et après *é*.

Cela est bien, combien, le tien, le mien, le sien,
viens, Julien, lycéen, un chien, je ne tiens rien.

Adrien lit mieux que Julien, parce qu'il fait bien attention. Lucien, veux-tu lire ? — Je le veux bien. — Viens auprès de moi, et tiens-toi bien. Papa reviendra bientôt de l'Amérique, combien j'aurai de plaisir à l'embrasser ! à l'entendre raconter des aventures merveilleuses ! Les habitans de l'Europe sont des Européens, ceux de l'Autriche des Autrichiens. Ce petit garçon est un vaurien.

4° *en* final, se prononce *ène* dans les mots suivans en italique.

La prière finit en latin par *amen*. La première habitation d'Adam était l'*Eden*. L'*abdomen* est le bas-ventre. Le chiendent est un *gramen*.

Les autres mots ont des irrégularités non encore connues : ce sont *hymen*, *examen*, *lichen*, etc.

5° *ient, ience,* se prononcent *ian, iance.*

L'habile médecin a une nombreuse clientèle. L'écurie est remplie de fiente.

Le soleil se lève à l'orient et se couche à l'occident. Le navigateur s'oriente en pleine mer. Comment remédier à cet inconvénient ? Dans les médecines il entre des ingrédiens. Ne sois pas impatient. Ne t'impatiente pas. La sagesse est la vraie science. Le roi donne audience. Il faut prendre patience. Craignez les reproches de votre conscience.

6° *ent* se prononcent *in* dans les mots suivans en italique.

On *vient.* Ce chapeau me *convient.* Il ne se *souvient* de rien. L'enfant aimable *prévient* les désirs de sa mère. Avec de la peine on *parvient.* L'honnête homme *tient* sa parole. Il faut rendre à autrui ce qui lui *appartient.* Que le monde *contient* de merveilles ! On me *retient.* La canne *soutient* le vieillard.

Lucien attend avec impatience sa bonne qui *vient* lentement.

7° *ent* se prononce *e* dans le pluriel des verbes.

Cette règle ne peut être donnée aux enfans. On leur fera lire les exemples suivans; et, par analogie, ils liront les phrases où se trouveront d'autres verbes. On pourra cependant faire remarquer, à la suite de cette lecture, que *ent* se prononce *e* à la fin des mots avant lesquels on peut mettre *ils, elles.*

Ils jouent, ils rient, ils sautent, elles parlent, elles lisent, elles écrivent, les enfans jouent, rient, sautent, parlent, lisent, écrivent.

Les enfans se rassemblent, ils jouent, ils courent, ils sautent, ils rient, ils crient. Les chiens aboient, les chats miaulent, les loups hurlent, les lions rugissent, les ours grondent, les pigeons roucoulent, les serpens sifflent, les taureaux mugissent, les corbeaux croassent et les grenouilles coassent. Les parens aiment et récompensent les enfans qui obéissent, et ils punissent ceux qui ne se comportent pas bien. Si ceux-ci comptent sur de bonnes étrennes, ils se trompent fort, et ils peuvent attendre long-temps, à moins qu'ils ne se corrigent.

8° *em* / *en* } se prononcent *a* dans les mots suivans en italique.

La compagne de l'homme est la *femme*. Tenez, bonne *femme*, disait Adrien à une mendiante, voilà deux sous, c'est tout ce que j'ai : priez le bon Dieu pour ma marraine qui est bien malade. Les étourdis agissent *imprudemment;* ceux qui réfléchissent se conduisent bien *différemment.* Cette fête *solennelle* est *impatiemment* attendue, elle n'en viendra pas plus tôt : il faut prendre patience. La tempête agite *violemment* les flots. Tout l'univers prouve *évidemment* un Créateur. Habillez-vous *décemment.*

Et ainsi de suite pour les mots en *emment.*

Le cheval *hennit,* les chevaux *hennissent.*

Le taureau frappe l'air de ses mugissemens ;
Le cheval lui répond par ses HENNISSEMENS.

Vingt-quatrième leçon.

RÉCAPITULATION.

LA PARTIE DE CAMPAGNE MANQUÉE.

Julien était un petit garçon assez aimable, bien complaisant ; mais on lui reprochait la paresse, le désordre et la malpropreté, défauts qui marchent fréquemment ensemble. Il se levait toujours tard; ses affaires n'étaient jamais en ordre, tout était pêle-mêle sur son bureau, dans sa bibliothèque et dans sa commode ; son visage était sale, ses doigts couverts d'encre et de crasse, ses cheveux mal peignés, ses habits remplis de taches ou d'autres saletés. Voulait-il s'habiller comme la veille, il n'avait rien mis en place, il cher-

chait impatiemment ses vêtemens, et souvent se désolait de ne les point trouver. A qui devait-il s'en prendre? c'était bien à lui, qui ne rangeait jamais rien.

Un beau matin de printemps que son père l'attendait pour faire une partie de campagne, sa bonne vint l'éveiller, et au lieu de se lever aussitôt, il resta au lit comme de coutume, et se rendormit.

A son réveil, il se souvint de sa partie; mais l'heure était avancée et le pauvre enfant était bien loin d'être prêt. Il commença par chercher sa chemise tombée dans la ruelle du lit, ses bas, dont l'un était sous son oreiller et l'autre sous un fauteuil, ses jarretières qui étaient je ne sais où, enfin son gilet et un de ses souliers qu'il retrouva sur son lit; il fallut ensuite se débarbouiller, faire sa prière; mais qu'arriva-t-il? c'est que son père, impatienté de sa lenteur, s'en était allé après l'avoir attendu assez long-temps. Lorsque Julien descendit, il se mit à pleurer amèrement, et cette mésaventure lui causa tant de peine qu'il se promit bien de se corriger.

Dans tout ce qu'on possède ou dans tout ce qu'on fait,
Il faut qu'aux soins constans l'esprit d'ordre s'allie :
Celui qui n'a pas d'ordre, égarant chaque objet,
A manquer, à chercher, passe toute sa vie.

Ce qui peut conserver le plus notre santé,
Ce qui pare bien mieux qu'une riche parure,
Ce qu'aisément chacun tous les jours se procure,
C'est du corps, des habits la grande propreté.

(MOREL DE VINDÉ.)

LA PETITE FILLE COMPLAISANTE.

Une petite demoiselle bien gentille, nommée Adrienne, se distingue de toutes ses compagnes par sa douceur, sa décence, son amabilité, et particulièrement par sa complaisance ; enfin ses parens n'ont rien à désirer de plus en elle : aussi tout le monde la chérit-il ; et, dès qu'on parle d'une jeune personne accomplie, tous les regards se portent sur Adrienne, qui ne perd jamais rien à la comparaison. Elle prévient tous les désirs de sa bonne mère ; et, s'il arrive que celle-ci lui recommande quelque chose, elle est immédiatement obéie. Quand ses petites amies viennent lui rendre visite à la nouvelle année, elle s'empresse de leur donner des témoignages d'amitié :

combien elle est enchantée de distribuer entre elles une grande partie des étrennes qu'elle a reçues des nombreuses connaissances de ses parens ! Elle est si obligeante, si bonne, qu'elle ne néglige jamais rien pour leur procurer toute espèce d'amusemens, et l'impatience qu'elle a de leur faire plaisir est telle qu'elle obtient de sa mère tout ce qu'elle souhaite à cet égard.

Quelle bonne leçon ne donne-t-elle pas à ceux qui agissent tout différemment, qui ne pensent qu'à eux, ou qui ne s'embarrassent du bonheur des autres qu'autant qu'ils en retirent eux-mêmes beaucoup d'avantages. Mes enfans, ne ressemblez pas à ces gens-là, qu'on appelle égoïstes, et qui sont en quelque sorte les ennemis de la société.

Qui veut jouir tout seul est sans délicatesse,
Aimez à partager vos biens et vos plaisirs ;
Allez même plus loin, et sachez sans faiblesse
Vous priver, et céder l'objet de vos désirs.

Vingt-cinquième leçon.

ain }
ein } se prononcent *in*.
aim }

Le pain, la main, demain, maintenir, ainsi, le sein, peindre, feindre, teinture, ceinture, la faim.

Que le *pain* semble bon, quand on a bien *faim!* Qui te donnera des étrennes ? c'est mon *parrain* et ma marraine qui viendront *demain.*

On m'achètera des souliers de peau de *daim.* Les abeilles forment des *essaims* nombreux qui se répandent dans la campagne. Le canon est en *airain,* et la seringue en *étain. Urbain* est mon cousin *germain,* je l'embrasserai *demain.* Point de fête sans *lendemain.* Ce *nain* est bien *vilain.* Les *Romains* furent *vaincus* et *contraints* d'abandonner leur camp. Dieu connaît tous nos *desseins;* rien ne peut lui être caché; l'univers *plein* de merveilles nous *convainc* de son *souverain* pouvoir, de sa sagesse et de sa bonté. Le *sein* de la mer renferme des richesses immenses. Il n'est pas *sain* de se promener au *serein.* L'héritier de l'avare n'a qu'une *feinte* douleur. Le *haim* est un gros hameçon.

LE PETIT FRIAND.

Ma bonne, j'ai bien faim, donne-moi une grande tartine de compote. — Tiens, voilà du pain et du beurre ; c'est assez pour attendre le dîner. — *Cela ne vaut rien, j'aime mieux la compote, et j'en veux.* — Vraiment ! quand un petit garçon commande ainsi, et ne parle pas plus honnêtement, il n'obtient rien : vous n'aurez que du pain sec, pour vous apprendre à être poli ; c'est d'ailleurs très bon quand on a faim.

Urbain, c'était le nom de notre bambin, Urbain, dis-je, plein de dépit, s'empresse d'aller se plaindre à sa mère, qui, à son grand désappointement, lui enjoint de manger son pain sur-le-champ et sans raisonner. Il fut alors bien sot, et l'on peindrait difficilement son dépit. Cependant, ne voulant pas avoir un démenti, malgré l'ordre de sa mère, il revient avec une feinte douceur et des paroles emmiellées, calmer sa bonne qui, trop bonne, ou mieux trop faible, se laisse embrasser et ne peut s'empêcher de lui donner ce qu'il souhaite ; mais vous allez le voir bien puni de sa friandise et de sa désobéissance. Impatient de satisfaire son prétendu appétit, il saisit précipitamment la tartine, comme s'il craignait qu'elle ne s'envolât, et, étant près de la cheminée, il la laisse tomber dans la cendre tout justement du bon côté ; malgré ses plaintes et sa câlinerie, il se voit contraint d'enlever la cendre et la compote, et de se contenter de son pain presque tout sec.

LE PETIT JARDIN.

Oh ! oh ! j'aurai demain un joli petit jardin, s'écriait Benjamin, ne se sentant plus de joie, un jardin à moi seul ! La mère de Benjamin, contente de son travail et de sa conduite, lui avait donné un petit terrain à cultiver. Il était huit heures du soir, et il est impossible de dépeindre son impatience jusqu'au lendemain matin. A peine le soleil est-il sur l'horizon, que Benjamin se réveille de lui-même, ce qui ne lui était point ordinaire, saute de son lit, s'habille en toute hâte, et va trouver Jean, le jardinier.

BENJAMIN. Jean, maintenant vous ne pouvez plus me défendre d'entrer dans le potager.

JEAN. Comment donc?

BENJAMIN. C'est que dès aujourd'hui je suis entièrement et seul maître du carré qui est au milieu.

JEAN. Vraiment ! je voudrais bien voir ça !

BENJAMIN. C'est maman qui me l'a donné hier pour me récompenser. Vous savez que je ne trompe jamais, que je ne mens pas.

JEAN. Oh ! pour ça c'est bien vrai. Aussi n'irai-je pas aux informations ; mais comment ferez-vous ? c'est un travail bien différent du vôtre ; c'est qu'il faut joliment piocher ! Mais, comme vous êtes un aimable garçon, je vous aiderai.

BENJAMIN. Non, non, prêtez-moi une bêche, un râteau, et je vais moi-même préparer tout ; et dès aujourd'hui, je sèmerai des graines de roses, de violettes, de reines-marguerites, de muguet, de marjolaine, etc., etc., et la semaine prochaine j'aurai un beau jardin.

JEAN. Bah ! tout ça ne vient pas ainsi, ni ensemble, ni si vite.

BENJAMIN. En vérité! moi, je n'aime pas à attendre. Je veux jouir sur-le-champ, et je sais bien alors ce qu'il me faut faire.

Notre étourdi, très ignorant dans le jardinage, s'en va conséquemment, pendant l'absence de Jean, arracher ou couper les plus belles fleurs du parterre, et les plante pêle-mêle dans son jardin qu'il avait à peine bêché. Tout fier de son travail, il court chercher sa maman, qui, apercevant sa sottise, le gronde du dégât qu'il a commis, mais attend que les fleurs soient flétries, pour lui faire sentir que sans peine, sans patience, on n'obtient rien de bon et de durable.

Le travail seul conduit à la prospérité ;
N'allez pas, vous flattant d'une espérance vaine,
Attendre des succès sans travail et sans peine :
On n'obtient jamais rien sans l'avoir mérité.

LES PAPILLONS.

Dans une belle matinée du printemps, M. de Gartempe dit à Martial, le plus jeune de ses enfans :

Mon bon ami, comme aujourd'hui tu t'es levé de bonne heure, tu viendras avec moi faire une longue promenade, et nous jouirons ensemble de la douce fraîcheur du matin.

Martial, plein de joie, courut prendre son filet pour attraper des papillons, se promettant une chasse heureuse et beaucoup de plaisir.

Dès qu'il fut dans les champs, il *y* trouva quelques-uns de ses amis, qui avaient déjà fait une chasse fort abondante ; il s'empressa de se joindre à eux, et, pour sa part, la chasse fut si bonne qu'il revint auprès de son père, tout en sautant de joie, pour lui montrer son trésor.

MARTIAL. Oh ! quelle heureuse chasse aujourd'hui ! vois combien ma collection est augmentée.

M. DE GARTEMPE. *Il est vrai; tu n'as pas encore été aussi heureux.*

MARTIAL. Mais je ne sais pas, ou bien j'ai oublié les noms de ces papillons.

M. DE GARTEMPE. *Je vais te les dire.*

MARTIAL. Tiens, mon papa, ce joli papillon jaune fauve taché de noir ?

M. DE GARTEMPE. *C'est le* NACRÉ, *qui doit son nom à ces points de nacre qu'on remarque sous ses ailes.*

MARTIAL. Je m'en souviens à présent. Et celui-ci, qui est d'un si beau noir tacheté de blanc et de couleur de feu ?

M. de Gartempe. *On le nomme le* Vulcain; *c'est un fort beau papillon, quoique commun.*

Martial. Oh! j'en ai vu un bien plus beau, qu'il m'a été impossible d'atteindre. Il est très-grand, jaune, avec des raies noires.

M. de Gartempe. *C'est apparemment le* Grand Porte-Queue *ou bien le* Flambé.

Martial. Une autre fois je ne le manquerai pas. En voici un d'un jaune foncé que j'ai attrapé avec bien de la peine.

M. de Gartempe. *On l'appelle le* Safran; *nom tiré de sa couleur.*

Martial. Ah! voici encore un nacré; regarde plutôt.

M. de Gartempe *Tu te trompes, c'est tout simplement une* Tortue; *ce papillon n'a point de nacre sous les ailes.*

Martial. Et ce joli petit bleu avec des points sur ses ailes?

M. de Gartempe. *C'est l'*Argus, *il est aussi très commun.*

Martial. Et très joli. En voici un autre de la même grandeur, mais qui est orange et blanc.

M. de Gartempe. *C'est l'*Aurore. *Tiens, en voici un assez remarquable, non pas par sa couleur, mais par une lettre grecque qu'il a sous les ailes; c'est un G grec* *qu'on nomme* GAMMA, *aussi ce papillon porte-t-il le même nom.*

MARTIAL. Ses ailes sont singulièrement découpées. Mais en voici un superbe, que j'ai malheureusement abîmé ; vois comme il est d'un beau noir velouté ! quelle belle bordure jaune termine ses ailes ! et ces petits points bleus tout le long de cette bordure !

M. DE GARTEMPE. *Ce beau papillon s'appelle le* MORIO, *c'est le plus grand de ceux qu'on trouve aux environs de Paris. Il en est encore un bien beau, que tu n'as pas, et que tu prendras difficilement : c'est le* MARS, *remarquable par le dessus de ses ailes, qui est d'une couleur changeante ; à un certain jour, l'une paraît brune et l'autre d'un beau violet changeant ; les ailes supérieures ont quelques taches jaunes et blanches, les inférieures ont deux bandes jaunes, et sur chacune un rond noir entouré de jaune.*

MARTIAL. D'après cette description, je le reconnaîtrai bien, et je ferai en sorte de ne pas le manquer. Il en est un que j'ai à la maison et qui a aussi des yeux* sur les ailes, qui sont d'une beauté remarquable. Je crois qu'on l'appelle le PAON ** DE JOUR.

M. DE GARTEMPE. *Ce ne peut être que celui-là.*

MARTIAL. Mon papa, quand j'aurai composé un beau tableau de papillons et un autre d'insectes, je

* Ce mot présentant une irrégularité non encore connue, on en indiquera la prononciation.

** Ibid.

chercherai des plantes, et tu m'en diras aussi les noms, n'est-ce pas?

M. DE GARTEMPE. *Oui, mon enfant, alors tu seras un petit naturaliste ; mais en attendant, retournons à la maison, car la promenade m'a donné de l'appétit.*

MARTIAL. Et à moi encore plus, j'ai une faim dévorante, je ne pense plus qu'à l'apaiser ; ne perdons pas de temps, allons déjeuner.

Vingt-sixième leçon.

1° *œu* se prononce *eu.*

un œuf, un bœuf, une bonne œuvre, j'aime ma sœur de tout mon cœur.

La grenouille de la fable envia la grosseur d'un

bœuf, quoiqu'elle fût à peine grosse comme un *œuf;* mais elle s'enfla tant qu'elle en creva.

Rien n'est imparfait dans les *œuvres de Dieu.* Aimons nos parens de tout notre *cœur*. Sois complaisant pour ta *sœur*. Les *mœurs* des abeilles sont intéressantes. Que les *manœuvres* ont de peine ! Que le Seigneur accomplisse vos *vœux!* Rien ne peut rompre les *nœuds* de la véritable amitié.

2° *œ* se prononce *eu* dans les mots suivans en italique.

L'*œil* de l'innocent est serein. L'*œillet* a un parfum délicieux. Dans l'*œillère* on baigne l'*œil.*

3° *ue* se prononce *eu* dans :

L'*orgueil* est souvent humilié. *Cueillez* des œillets pour votre sœur. *Accueillons* l'infortuné. Il faut *recueillir* le fruit de son travail.

4° *aon* se prononce *an* dans les mots suivans en italique.

La biche allaite son *faon*. Le *paon* est plein d'orgueil.

5° *aon* se prononce *on* dans :

Le *taon* est une grosse mouche.

6° *e* se prononce *a* dans les mots suivans en italique.

Il ne faut pas *s'enorgueillir* de ses talens. L'ivrogne s'*enivre* souvent. La *femme* est plus faible que l'homme. Noël est une fête *solennelle*. On a *indemnisé* les incendiés.

7° *um* final se prononce *ome* dans :

L'écolier fait des *pensums* (prononcez *pinsome*). Le *rhum* est une liqueur forte. L'*album* est un cahier blanc. L'*opium* fait dormir.

Et de même dans d'autres mots en *um* comme : *te Deum*, *géranium*, *arum*, *muséum*, etc.

8° *u* se prononce *ou* dans :

Les animaux terrestres sont *quadrupèdes*, et les volatiles, bipèdes. Le *quadruple* est une grande pièce d'or. L'*équateur* a neuf mille lieues d'étendue. Le canard est un oiseau *aquatique*. L'*aquarelle* est une peinture en couleur gommée, détrempée à l'eau.

Et dans quelques autres que l'usage apprendra.

9° L'*u* se sépare du *g* et du *q* dans :

L'*aiguille* est polie. Crains l'*aiguillon* de l'abeille. Une statue *équestre*. J'irai à l'école d'*équitation*.

10° *eu* se prononce *u* dans :

J'ai *eu* bien faim. J'*eus* beaucoup de plaisir. Il *eut* bien de la peine. Nous *eûmes* de la satisfaction. Vous *eûtes* tort. Ils *eurent* raison.

Vingt-septième leçon.

1° *y* se prononce *i*.

Quand on n'a pas de bons *yeux*, on se sert de lunettes. L'*hydre* est un animal fabuleux à plusieurs têtes. La *lyre* est un instrument à cordes. L'*hypocrisie* est une vertu feinte. Le *stylet* est un petit poignard. Les *martyrs* ont souffert pour la religion chrétienne.

2° *y* entre deux voyelles vaut deux *i*.

Le *noyau* est dur. Le *tuyau* est cylindrique. Le seul *moyen* d'être aimé, c'est d'être aimable. *Soyez* franc et *loyal*. *Payez* vos dettes. *Essayons* toujours de mieux faire.

On prononce de même les mots *pays*, *paÿsan*, *paysage*.

3° *x* se prononce *cs*.

Le pieu est *fixé* en terre. La *Saxe* est en Allemagne. On paie la *taxe*. Cela me *vexe*. Ce verre est *convexe*. *Alexandre* et *Alexis* viendront demain.

4° *x* se prononce *gz* dans :

Il fut envoyé en *exil*. Suivez le bon *exemple*, je vous y *exhorte*. On subit un *examen*. Vous serez *exempté* de *l'exercice*. Le tyran est *inexorable*. Voilà *Xavier*.

5° *x* se prononce *s* dans :

Auxerre et *Auxonne* sont des villes de France ; *Bruxelles*, capitale de la Belgique. J'en ai *six*, et j'en aurai *soixante-dix*.

6° *x* se prononce *z* dans :

Dixième, *sixième*, *deuxième*, *sixain*.

7° *ï*, *ë*, *ü*.

Quand les lettres *ï*, *ë*, *ü*, sont ainsi surmontées de deux points, qu'on appelle *tréma*, elles se séparent de la voyelle précédente.

Moïse reçut les commandemens de Dieu sur le mont *Sinaï*. Les *païens* adoraient des idoles. On doit *haïr* le mensonge. *Saül haïssait* David. La *ciguë* est un poison violent. Votre réponse est *ambiguë*. *Esaü* céda son droit d'aînesse pour un plat de lentilles. *Danaüs* était le père des *Danaïdes*. *Antinoüs* était l'ami d'Adrien, empereur romain.

EXERCICES GÉNÉRAUX.

LE LION ET LE RAT.

Tandis qu'un lion dormait, un rat s'approchant se mit à folâtrer autour de lui, et le réveilla. Dans sa colère, la bête féroce voulut exterminer le rat ; mais ensuite, ne le jugeant pas digne de sa vengeance, il le renvoya sans lui faire de mal.

Or, le rat ne tarda pas à se montrer reconnaissant de ce bienfait ; car le lion, étant tombé dans les filets des chasseurs, se mit à remplir la forêt de ses rugissemens. Aussitôt ce même rat accourut, il rongea les mailles qui enveloppaient son libérateur ; et, à son tour, il donna la vie à celui à qui il la devait lui-même.

Rendons service, même aux plus petits.

LES LIÈVRES.

Comme le vent soufflait dans la forêt un peu plus fort que de coutume. Fuyons, s'écria un des lièvres épouvantés ; j'entends la voix des chasseurs et les aboiemens des chiens.

Tous aussitôt de prendre la fuite. Or, étant arrivés près d'un marais, ils entendirent les grenouilles qui s'élançaient des bords au milieu de l'eau.

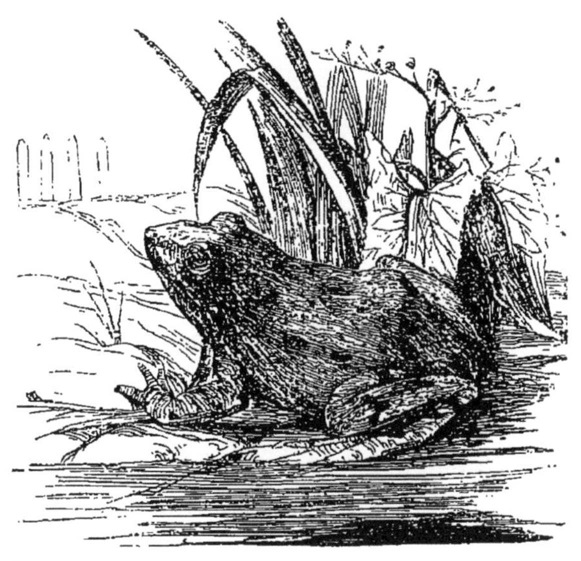

Saisis d'une crainte encore plus grande, le chef des fuyards ne savait plus où conduire sa troupe ; néanmoins un d'entre eux eut assez de courage pour approfondir la chose : Qui nous inspire donc tant de crainte? dit-il. Le vent et les grenouilles ; alors mettant de côté leur frayeur, les lièvres retournèrent dans la forêt.

La peur grossit tout.

LE CERF SE MIRANT DANS L'EAU.

Un cerf, s'étant arrêté près d'une fontaine, pour s'y désaltérer, y aperçut son image. Ses cornes lui plaisaient; mais il blâmait ses jambes qui lui paraissaient trop minces. Or, comme il les considérait avec peine, voici qu'un chasseur lança ses chiens contre lui. Le cerf aussitôt vola vers la forêt où il aurait trouvé son salut, s'il n'eût été retenu par ses cornes qui s'embarrassèrent dans un passage.

Alors, déchiré par les morsures des chiens, il changea d'avis; méprisant ce qu'il avait loué, et louant ce qu'il avait méprisé.

Préférons l'utile à l'agréable.

LE CHAT ET LES RATS.

Un chat, la terreur des rats, les avait presque tous détruits. Il aurait fait volontiers un bon repas de ceux qui restaient ; mais, instruits par leur défaite, ils se tenaient si bien sur leurs gardes, qu'il n'était plus facile de les surprendre. Néanmoins, dit le chat, je les attraperai bien malgré eux.

Ayant ainsi parlé, il se couvre de farine, et se blottit dans une huche. Un des rats s'approche, le prenant pour de la chair. Le chat ne fait qu'un saut, le saisit et le dévore. Un second, puis un troisième subissent le même sort. Il en vient encore plusieurs dont aucun ne s'en retourne. Mais un d'entre eux, vieux et rusé, allonge la tête hors de son trou ; il regarde tout à l'entour, et sans se hasarder davantage, il contemple de loin cette masse enfarinée. Ensuite, secouant la tête : Ami, dit-il, tu ne m'en imposeras pas. Blanchis-toi, j'y consens ; sois farine, sac, tout ce que tu voudras ; rien ne me décidera à m'approcher de toi.

Mettons-nous en garde contre les embûches que nos ennemis nous tendent.

LE RENARD ET LA CIGOGNE.

Venez dîner chez moi, dit un jour le renard à la cigogne ; je vous régalerai comme il faut. Celle-ci fut exacte à l'heure de l'invitation. Son hôte la reçut fort civilement, mais avec beaucoup de parcimonie, car il lui servit dans un grand plat un mets liquide dont la cigogne ne tâta guère, et que le renard avala presque seul.

Ayant invité le renard à son tour, la cigogne lui présenta du hachis dans une bouteille. Elle y fourrait son cou tout entier et s'en repaissait à loisir, tandis que l'animal trompeur léchait en vain le dehors du vase et mourait de faim.

Comme nous traitons les autres, on nous traite aussi nous-mêmes.

LE SERPENT ET LA LIME.

Un serpent s'étant glissé dans la boutique d'un serrurier, essaya d'y ronger une lime. Celle-ci lui dit : Insensé, sais-tu bien qui tu attaques? Ne vois-tu pas que tes dents ne peuvent rien contre un outil qui triomphe du fer même ?

N'attaquons pas un plus fort que nous.

LE LABOUREUR ET LA COULEUVRE.

Un laboureur trouva dans la neige une couleuvre engourdie par le froid et à demi morte.

Touché de compassion, il l'emporta dans sa chaumière, où, ayant allumé du feu, il rappela à la vie cette moribonde.

Mais la couleuvre n'eut pas plutôt recouvré ses forces, qu'elle s'élança sur le laboureur, malgré le service qu'il venait de lui rendre.

Méchante, lui dit-il, est-ce ainsi que tu me rends grâce? Veux-tu m'arracher la vie que je t'ai donnée?

Ayant parlé de la sorte, il la tua d'un coup de hache.

N'oublions jamais les bienfaits.

LE CHIEN ET L'OMBRE.

Un chien traversait un fleuve, tenant dans sa gueule un morceau de chair.

En ayant aperçu l'ombre dans l'eau et s'imaginant que c'était une autre proie, il lâcha la sienne.

L'insensé se jeta sur cet objet fantastique qui s'offrait à sa vue, et qu'il prenait pour un mets délicieux.

Mais son avidité fut trompée.

Hélas ! s'écria-t-il, j'ai lâché ce que je tenais, et je n'ai pu atteindre ce que je désirais.

Gardons ce qui nous appartient sans envier le bien d'autrui.

LE PETIT CHIEN MÉCHANT.

Un petit chien était si méchant que, lorsque sa mère venait l'allaiter, il la mordait jusqu'au sang. La pauvre bête n'osait plus en approcher. Qu'en arriva-t-il? Le méchant animal fut abandonné, et mourut de faim.

Voilà ce qui arriverait aux enfans méchans, si leurs parens les abandonnaient; mais il y a encore plus de bonté chez les parens que de méchanceté chez les enfans.

LES DEUX ÉPIS.

Un père avait deux enfans, l'un ignorant et vain, et l'autre studieux et modeste.

Comme le jeune arrogant humiliait parfois son frère, leur bon père leur adressa ce petit apologue :

Au temps de la moisson, un épi de blé qui portait la tête droite et élevée, devint fier, et marqua du mépris pour ses frères dont la tête était penchée vers la terre : mais un de ceux-ci lui dit : Mon pauvre ami, si tu avais comme nous la tête pleine de grains, tu ne la lèverais pas si haut.

LE PETIT SERIN.

Une petite fille, nommée Caroline, avait un serin qu'elle aimait beaucoup. Il chantait du matin au soir;

et il était très beau, jaune comme de l'or, avec une petite huppe noire sur la tête.

Caroline lui donnait à manger de la graine et de l'herbe tendre, quelquefois aussi un petit morceau de sucre, et tous les jours il avait de l'eau fraîche et claire.

Mais tout à coup l'oiseau devint triste ; et un matin, lorsque Caroline voulut lui donner de l'eau, elle le trouva mort dans sa cage.

Alors la petite fille fit de grandes lamentations et pleura beaucoup. Sa mère alla acheter un autre serin qui avait de plus belles couleurs que le premier, et qui chantait aussi bien ; elle le mit dans la cage.

Mais Caroline pleura plus fort, quand elle aperçut le nouvel oiseau.

La mère, étonnée, lui dit : Ma chère enfant, pourquoi pleures-tu encore? pourquoi es-tu si affligée? Tes larmes ne ressusciteront pas ton oiseau, et en voilà un autre qui est tout aussi beau.

Ah ! ma chère maman, répondit la petite, je n'ai pas bien agi avec mon serin ; et je n'ai pas fait pour lui tout ce que je devais faire.

Chère Caroline, reprit la mère, tu as eu cependant bien soin de lui.

Oh ! non, répliqua l'enfant ; quelque temps avant sa mort, je ne lui ai pas porté un morceau du sucre que tu m'avais donné pour lui, et je l'ai mangé. Ainsi parla Caroline, le cœur plein de tristesse.

Ah ! pensa la mère en elle-même, le chagrin de cette bonne petite est une faible image de la douleur de celui qui se reproche quelques torts envers un ami qui n'est plus.

LE SAGE, L'ENFANT ET LE NID D'OISEAU.

C'était au commencement du mois de mai ; le soleil d'un beau matin faisait sentir sa bienfaisante influence. Le sage Lorenzo s'acheminait vers le bocage pour méditer. Un oiseau, voltigeant de buisson en buisson, remplissait l'air de gémissemens, qui frappèrent l'oreille de Lorenzo, et dont la cause n'était pas éloignée.

Un petit garçon, les yeux brillans de plaisir, s'était emparé du nid et des petits de l'oiseau désolé ; et tandis que cette mère infortunée faisait retentir les environs des cris de sa douleur, il traversait la prairie en courant. Un moment, petit ami, lui dit Lorenzo en l'arrêtant ; suspends ta course pour entendre les conseils de l'amitié; que l'avis que je te donne échauffe ton cœur du sentiment de la pitié. Les gémissemens continuels de cet oiseau ne te touchent-ils point? Vois son inquiétude, entends cette bonne mère exprimer sa douleur sur la perte de ses petits qu'elle couvait avec tant de soin, en attendant que le temps leur donnât des ailes, et qu'elle pût les conduire elle-même dans le taillis. Son bonheur et ses espérances ont disparu; ses petits, nus et captifs, sont dérobés à ses soins maternels. Ah! pendant que tu cours comme un étourdi, songe à ce que ta tendre mère pense peut-être de toi; ne te voyant pas revenir, elle se dit sans doute : Mon fils aura éprouvé quelque accident funeste; il aura fait une chute; un taureau, dans sa course, l'aura renversé, sans cela tarderait-il tant à revenir? Si de telles craintes agitent ainsi les parens, juge des peines de cet oiseau désolé : il éprouve la même inquiétude, les mêmes maux, les mêmes angoisses. Parcours les champs; mais, quoi que tu fasses, ne sois jamais sans pitié. De toutes les vertus, la pitié est la plus grande, la plus noble; écoute ce qu'elle t'inspire, et dans tes maux tu éprouveras à ton tour celle d'autrui.

L'enfant, touché par ce discours, retourne sur ses pas, et s'empresse de replacer le nid. Il revient, le cœur satisfait, rassurer ses chers parens; et l'avis du sage Lorenzo fut toujours présent à son esprit.

LE SINGE ET LA NOIX.

Un jeune sapajou trouva un jour une noix couverte de son écorce ; il se mit soudain à la mordre pour la dépouiller ; mais l'amertume de ce fruit lui fit faire d'horribles grimaces. Il allait la jeter, lorsque sa mère, qui avait de l'expérience et du bon sens, lui dit : Mon fils, ne te décourage point, surmonte ce premier dégoût. Casse la noix, et tu y trouveras une amande délicieuse qui te paiera de ta constance. Le singe suivit son avis et s'en trouva bien.

Mes amis, ne vous rebutez point des premières difficultés qu'offre l'étude ; sa légère amertume se change bientôt en une véritable douceur. Nul plaisir sans peine, nulle moisson sans culture.

LES FLEURS ET LES ARBRES BIEN SOIGNÉS.

Dans un beau jour de printemps, M. Duval alla dans un jardin avec Charles, son fils. Ils contemplaient avec une extrême attention les arbres, les fleurs et les plantes, d'où pendaient des gouttes de rosée, comme autant de diamans étincelans.

Pourquoi cet arbre est-il si beau et si droit, disait Charles à son père, et pourquoi son voisin est-il chétif et tortueux ?

C'est, répondit le père, qu'on l'a ainsi dressé dans

le principe, qu'on l'a attaché et qu'on l'a taillé ; tandis qu'au contraire, on a laissé croître celui-ci sans aucun soin.

Et pourquoi ces fleurs sont-elles déjà si bien levées, et que les autres ne le sont pas? demanda encore Charles. C'est, dit M. Duval, qu'elles sont mieux cultivées que les autres.

Cela y fait donc beaucoup? reprit l'enfant.

Certes oui, mon cher Charles, et tu peux en tirer une bonne leçon pour toi-même.

Tu ressembleras à ce bel arbre, si je ne te laisse pas faire à ton gré tout ce qu'il te plaît, si je te corrige de tes défauts, si je te fais apprendre des choses utiles. Alors tu pourras devenir aussi un bon arbre fruitier parmi les hommes.

Tu ressembleras aussi à ces fleurs, puisque tu as le bonheur d'être élevé avec tout le soin possible, puisque ton cœur et ton esprit, ainsi que ton corps, sont également cultivés.

Puisses-tu, mon cher enfant, fleurir parmi les hommes, comme ces plantes brillent parmi leurs compagnes !

MARIA.

Maria a une vanité bien sotte et bien ridicule. Croiriez-vous qu'elle est fière de son nom, et qu'elle s'imagine être supérieure aux jeunes filles de son âge, qui se nomment tout simplement Marie? Vous riez, mes amis ; vous lui trouvez un peu de folie, n'est-il pas vrai ?

Et puis, elle est si glorieuse de ses cheveux blonds ; ils sont jolis peut-être, mais cent mille personnes, avant elle, en ont eu de plus beaux ; et à la première maladie qu'elle aura, tous ses cheveux peuvent tomber : il faudra bien alors renoncer au plaisir d'en parler sans cesse, comme c'est maintenant sa coutume.

Elle n'est pas moins vaine de la fortune de ses parens. A chaque instant, on l'entend dire : « *Ce soir j'irai en voiture avec maman* » ; ou bien : *Quand je serai grande, j'aurai une voiture aussi, et des domestiques me suivront à la promenade.* » Pauvre Maria ! elle dit cela d'un ton suffisant qui la rend si ridicule ; et elle ne sait pas que ses jeunes amies, qui n'ont besoin que de leurs jambes pour aller où elles le désirent, et qui se trouvent à merveille de cet exercice, sont pour le moins aussi heureuses qu'elle.

Maria tire encore vanité de ses robes, de sa coiffure, que sais-je, même de sa chaussure, car sa vanité descend jusque là. On ne l'aime pas, je vous en avertis; son caractère la rend fort déplaisante. Aucune de mes jeunes lectrices ne voudra lui ressembler, j'espère.

(*Portefeuille des enfans.*)

LUCIE.

Un jour Lucie vint embrasser M. Duméril, en lui disant : « *Ah! papa, si vous saviez combien je vous aime!* » Elle ajouta, l'instant d'après : « *Papa, j'ai vu à l'une de mes amies une robe de percale charmante...; c'est mademoiselle Mignard qui vend cette belle percale... ; et je serais trop heureuse, si j'en avais une robe.* »

« *Si tu savais aussi combien je t'aime!* » répondit M. Duméril. Voilà notre petite fille bien joyeuse, s'imaginant déjà que son papa allait appeler Rose, leur servante, pour l'envoyer chez mademoiselle Mignard. Il continua : « *Mais je t'aime pour te rendre heureuse : on ne l'est pas avec un caractère dissimulé. Les caresses que tu viens de me faire avaient pour but d'obtenir une robe; elles étaient intéressées et fausses. Comme il me serait trop pénible d'en recevoir encore de pareilles, je te défends de m'embrasser jusqu'à ce que je t'aie reconnue plus franche.* »

Lucie rougit, sentant qu'elle avait mérité ces reproches. Elle demanda pardon à son papa ; et, dès ce moment, elle s'étudia à bannir toute feinte de ses discours et de ses manières. M. Duméril, satisfait de sa conduite, lui rendit son amitié ; et, pour lui donner une preuve de son contentement, il lui acheta quelque temps après la robe de percale.

(*Portefeuille des enfans.*)

L'ÉCOLIER ET SON PORTEFEUILLE.

Un écolier passionné pour les jeux de son âge, ne redoutait rien tant que ses livres et son portefeuille. Un jour, en le prenant pour aller au collége : Maudit *porte-ennui,* disait-il, que tu es lourd , incommode, importun ! que tu ressembles peu au panier qui renferme mon déjeuner !... Oh ! la sotte invention ! j'aimerais mieux, je crois, un bât ou une besace. — Vous extravaguez, mon cher maître, lui dit le pauvre portefeuille ; si je suis lourd, c'est bien votre faute : vous écrivez comme un chat ; vous faites et refaites cent devoirs toujours commencés et jamais finis ; vous me remplissez de livres, d'écritoires, de règles, de crayons, et quelquefois de vos jouets ; comment voulez-vous que je sois léger ? Mettez de l'ordre dans vos devoirs, écrivez proprement, soignez vos cahiers, et ne les multipliez pas inutilement ; ne prenez que les objets qui vous sont nécessaires, et vous trouverez mon poids léger.

Tout est à charge aux paresseux ; et, si la bonne volonté ne s'en mêle, le plus léger fardeau leur paraît insupportable.

TABLEAU

D'UNE FAMILLE PAUVRE ET PIEUSE.

Extrait d'une traduction de Léonard et Gertrude, roman populaire de H. Pestalozzi.

Quel vacarme vous faites, mes enfans ! dit Gertrude. Lorsqu'il vous arrive quelque chose d'heureux, pensez toujours à Dieu qui vous l'envoie ; alors votre joie n'aura rien d'impétueux ni de désordonné. Vous savez que je me réjouis volontiers avec vous, mes bien-aimés ; mais lorsqu'on se livre avec violence au plaisir ou à l'affliction, on perd le calme et le repos du cœur ; et sans un cœur tranquille, on n'est point heureux. C'est pour cela que nous devons toujours avoir Dieu devant les yeux, et le prier soir

et matin, afin de trouver un frein à notre joie, et des

consolations dans nos chagrins. Soyez donc calmes et paisibles à l'heure de la prière. Voyez, mes enfans, lorsque vous remerciez votre père bien tendrement, vous lui sautez au cou sans beaucoup de paroles ; et si vous êtes vraiment touchés, les larmes vous viennent aux yeux. Il en est de même envers Dieu : quand vous vous réjouissez du bien qu'il vous fait, quand vous l'en remerciez du fond du cœur, vous ne poussez pas de grands cris, vous ne faites pas de longs discours, mais vous avez les larmes aux yeux en pensant que votre Père céleste est si bon. Retenez bien ceci, mes enfans : tout sentiment d'un cœur reconnaissant envers Dieu et envers les hommes est une prière ; quand on prie bien, on se conduit bien aussi, et l'on est aimé de Dieu et des hommes pendant toute sa vie.

Gertrude. Mes chers enfans, comment vous êtes-vous comportés cette semaine ?

Les enfans se regardent et se taisent.

La mère. Annette, as-tu rempli tes devoirs ?

Annette. Non, ma mère ; tu sais bien que j'ai quitté mon petit frère.

La mère. Il aurait pu en arriver un grand mal, Annette ! on a vu des enfans ainsi délaissés, qui ont été étouffés. D'ailleurs, pense à ce que tu souffrirais si l'on t'enfermait dans une chambre, si l'on t'y laissait avoir faim, avoir soif et pleurer. Lorsqu'on abandonne les petits enfans, et qu'ils restent longtemps sans secours, la colère les gagne, et ils crient alors avec tant de violence, qu'ils peuvent s'en ressentir le reste de leur vie. Ma chère Annette ! je n'aurais pas un instant de tranquillité, quand je quitte la maison, si je devais craindre que tu n'eusses pas le plus grand soin de ton petit frère.

ANNETTE. Crois-moi, ma bonne mère ! je ne le quitterai plus.

LA MÈRE. Je l'espère et je le demande au bon Dieu. Et toi, Nicolas, qu'as-tu fait cette semaine ?

NICOLAS. Point de mal que je sache, ma mère.

LA MÈRE. Ne te rappelles-tu pas que tu as renversé Marie, lundi ?

NICOLAS. Je ne l'ai pas fait exprès.

LA MÈRE. Vraiment, il n'y manquerait plus que de l'avoir fait exprès ! n'as-tu pas honte de parler ainsi ?

NICOLAS. J'en suis bien fâché, ma mère, je ne le ferai plus.

LA MÈRE. Lorsque tu seras grand, si tu continues à ne faire aucune attention à ce qui t'environne, ce sera à tes dépens que tu apprendras à te corriger de ton étourderie. Et les enfans mêmes, lorsqu'ils agissent sans réflexion, sont exposés à des querelles et à des coups ; ainsi j'ai lieu de craindre, mon cher Nicolas, que tu ne t'attires bien des malheurs.

NICOLAS. Je tâcherai d'être plus attentif, ma mère.

LA MÈRE. Fais tous tes efforts pour y parvenir, mon ami ; et sois persuadé que ton imprudence te rendrait malheureux.

NICOLAS. Ah, ma mère, ma chère mère ! je le sais, je le crois ; et je t'assure que je serai moins étourdi à l'avenir.

LA MÈRE. Et toi, Lise, comment t'es-tu conduite cette semaine?

LISE. Moi, ma mère ? Je pense que tu seras contente, car je ne crois pas avoir rien à me reprocher cette semaine.

LA MÈRE. Absolument rien ?

LISE. Non, en vérité, du moins autant que je puis m'en souvenir ; si je savais quelque chose, je te le dirais volontiers, ma mère, je t'assure.

LA MÈRE. Lors même que tu ne sais rien, ma fille, tu réponds toujours avec autant de paroles qu'un autre qui aurait beaucoup à dire.

LISE. Qu'ai-je donc dit à présent, ma mère?

LA MÈRE. Précisément rien, et pourtant plus qu'il ne fallait. C'est ce que nous t'avons dit mille fois ; tu n'as aucune prudence, tu ne réfléchis jamais ; et tu parles toujours. Qu'avais-tu besoin de dire avant-hier au Bailli que nous savions l'arrivée de Monseigneur ?

LISE. Je suis bien fâchée de l'avoir dit.

LA MÈRE. Nous t'avons souvent priée de ne pas parler à tort et à travers de ce qui ne te regarde pas, surtout devant des étrangers ; cependant tu continues toujours de même. Si ton père avait des raisons pour ne pas dire qu'il le savait, ton babil pourrait lui attirer des chagrins.

LISE. Ah ! ça me ferait beaucoup de peine ; mais, ma mère, ni lui ni toi ne m'aviez recommandé le secret.

LA MÈRE. Fort bien ! quand ton père rentrera, je l'avertirai qu'à chaque mot que nous dirons entre nous, il faut ajouter : Lise peut raconter cela à la fontaine ou chez les voisins, mais non pas ceci... alors tu sauras bien exactement sur quel sujet tu peux babiller.

LISE. Pardon, ma mère, ce n'est pas ce que je voulais dire.

LA MÈRE. On t'a dit une fois pour toutes de ne pas causer à tout propos sur ce qui n'est pas ton affaire ; mais c'est en vain, il faudra employer la rigueur pour t'en faire perdre l'habitude, et la première fois que je te surprendrai à jaser ainsi sans réflexion, je t'en punirai en te donnant le fouet.

Lise ne put entendre parler du fouet sans verser des larmes ; sa mère s'en aperçut, et lui dit :

Lise ! les plus grands malheurs naissent des discours imprudens ; il faut à tout prix que tu sois corrigée de ce défaut.

Elle parla de même à tous les enfans, jusqu'à la petite Marie. Il ne faut pas demander ta soupe avec tant d'impatience, lui dit-elle, sans quoi je te la ferai attendre encore plus long-temps, ou même je la donnerai à un autre.

Les enfans récitèrent leurs prières ordinaires ; puis Nicolas dit, en ces termes, la prière du samedi que Gertrude lui avait enseignée :

Père céleste ! vous êtes toujours bon pour tous les hommes, vous l'êtes aussi pour nous, et vous nous donnez tout ce qui nous est nécessaire. Tout vient de vous, même notre pain ; vous le donnez à nos parens qui nous le distribuent ensuite avec joie, car ils se réjouissent du bien qu'ils peuvent nous faire, et nous ordonnent de vous remercier de ce qu'ils sont si bons pour nous. Ils nous disent que s'ils ne vous connaissaient point et qu'ils n'eussent pas d'amour pour vous, ils nous aimeraient moins et ne nous soigneraient pas si bien. Ils nous disent aussi que c'est grâce au Sauveur des hommes qu'ils vous connaissent et vous adorent, Père céleste ! que les hommes qui ne connaissent pas ce divin Sauveur et qui ne suivent pas tous les bons conseils qu'il leur a donnés pendant qu'il était sur la terre, ne vous aiment pas comme ils le doivent, et n'élèvent pas leurs enfans dans la piété, comme ceux qui croient au Sauveur du monde.

Nos chers parens nous racontent souvent l'histoire de ce bon Jésus qui a tant aimé les hommes et leur a fait tant de bien. Ils nous disent comment il a passé sa vie dans la douleur, afin de les rendre heureux pour le temps et pour l'éternité ; qu'enfin il est mort sur la croix, que Dieu l'a fait renaître d'entre les morts, et qu'il vit à présent dans la gloire du ciel, à la droite du trône de Dieu son Père, où il aime encore tous les hommes, et où il cherche à les rendre heureux dans ce monde et dans l'autre.

Nous sommes bien touchés de tout ce qu'on nous dit de ce bon Jésus, et nous formons la résolution de bien vivre, afin qu'il nous aime et qu'il nous reçoive un jour dans le ciel.

Père céleste ! nous autres pauvres enfans, rassemblés pour vous prier, sommes frères et sœurs, c'est pourquoi nous voulons nous aimer les uns les autres, ne jamais nous faire de mal, mais au contraire tout le bien que nous pourrons. Nous soignerons les plus petits avec tant de zèle et d'amour que nos chers parens pourront sans inquiétude vaquer à leur ouvrage; c'est tout ce que nous pouvons faire pour eux en échange des soins et des dons que nous en recevons. Rendez-leur tout ce qu'ils font pour nous, et faites-nous la grâce de leur obéir en toute chose, afin que nous soyons aimés d'eux jusqu'à la fin de leur vie, temps auquel vous nous les retirerez pour les récompenser de l'amour qu'ils nous auront témoigné.

Grand Dieu! faites que durant le saint jour de demain, nous nous souvenions de votre bonté, de l'amour de Notre-Seigneur Jésus-Christ, de tout ce que nous devons à nos parens et aux autres hommes, afin que, soumis et reconnaissans envers vous et envers tous, nous pensions à chaque instant de notre vie que nous agissons sous vos yeux.

Nicolas cessa de parler; alors Gertrude, ajoutant selon sa coutume quelque chose de relatif aux événemens de la semaine, continua ainsi:

Nous vous remercions, Père céleste, de ce que vous venez de diminuer les inquiétudes de nos chers parens pour l'entretien de leur ménage; de ce que vous avez accordé à notre père un travail plus profitable. Nous vous rendons grâces de ce que celui que vous avez élevé en autorité sur nous, est un bon père à notre égard, de ce que nous trouvons en lui secours et consolations; et nous vous remercions des bienfaits que ce bon Seigneur répand sur nous. Nous voulons, si vous nous en faites la grâce, croître pour votre gloire et pour son service.

Enfin elle fit dire à Lise: Pardonnez-moi, mon Dieu! mon ancienne et mauvaise habitude; apprenez-moi à me taire lorsque je ne dois pas parler, et à répondre avec prudence et réflexion quand on m'interroge.

Puis à Nicolas : Accordez-moi, Seigneur, la grâce de me corriger de ma turbulence ; enseignez-moi à être attentif à ce que je fais et à ce qui m'environne.

Et à la petite Annette : Je me repens bien, mon Dieu ! d'avoir abandonné mon petit frère, et d'avoir ainsi tant effrayé ma bonne mère ; je ne le ferai plus de ma vie.

Lorsque Gertrude eut ainsi dicté à chacun de ses enfans sa prière particulière, elle ajouta :

Grand Dieu, exaucez-nous ! Père céleste, pardonnez-nous ! Jésus notre Sauveur, ayez pitié de nous !

Après quoi, Nicolas récita l'Oraison dominicale, et Annette fit cette prière :

Protégez, ô Dieu ! nos chers parens, nos chers frères et les hommes bons et pieux.

Lise. Au nom du Père et du Fils, et du Saint-Esprit, ainsi soit-il.

La mère. Que le Seigneur vous bénisse et vous conserve.

MOTS A L'OREILLE

SOUFFLÉS

PAR LE BON GÉNIE *.

1. Les éloges qu'on se donne soi-même sont à déduire de ceux qu'on pourrait attendre des autres.

---

2. *Je sais, je sais! Propos d'enfant, qui revient à ceci : J'ai de la vanité, donc je n'apprendrai rien.*

---

3. Quand vous rougissez, enfans, c'est Dieu qui vous avertit.

---

4. *Un amusement qui peut nuire à autrui ou seu-*

* *Journal des enfans,* qui avait été fondé par M. de Jussieu.

lement lui causer quelque chagrin, n'est jamais innocent.

---

5. De rien ne faisons parade ; car en toutes choses on se défie de la montre.

---

6. *Soyons discrets dans nos jours de fête, et cachons nos étrennes à ceux qui n'en ont pas.*

---

7. Nos vieux joujoux ne sont jamais bons à brûler ; rappelons-nous que le pain sec du riche serait souvent du biscuit pour le pauvre.

---

8. *Ne chantons jamais auprès de ceux qui pleurent.*

---

9. Cachez la bonbonnière d'écaille à celui qui vous en donne une de corne ou de carton.

---

10. *Celui qui, pour se dispenser d'apprendre, dit qu'il n'a pas de mémoire, ressemble à un ouvrier maladroit qui se plaint d'avoir un mauvais outil.*

---

11. Tâchez d'apporter à l'étude autant d'ardeur qu'à vos jeux ; vous verrez combien vos progrès seront rapides.

---

12. *Pour un enfant respectueux et reconnaissant, ce n'est point assez de céder aux volontés de ses parens, il doit s'efforcer de prévenir leurs désirs.*

---

13. Rappelez-vous qu'il y a plus de courage et de dignité à reconnaître une faute et à la réparer, qu'à braver hardiment une punition.

---

14. *Quand vous êtes au jeu ne pensez qu'au jeu ; quand vous êtes au travail ne pensez qu'au travail.*

---

15. Rappelez-vous qu'on ne réussit à rien sans persévérance. Cette vertu est nécessaire à la pratique de toutes les autres.

---

16. *Souvenez-vous que celui qui reçoit un éloge contracte l'engagement d'en mériter un autre.*

---

17. Tout l'esprit du monde ne saurait faire excuser une méchanceté.

---

18. *Ne remettez jamais à demain le devoir dont vous pouvez vous acquitter aujourd'hui. Ce sera vous procurer une satisfaction, et vous épargner une inquiétude.*

---

19. Soyez reconnaissans envers Dieu, qui vous a donné la raison, et envers les personnes qui vous apprennent à en faire usage.

---

20. *Si vous voulez que les autres soient complaisans pour vous, montrez-leur d'abord que vous savez l'être pour eux.*

---

21. Il n'y a rien à gagner à être exigeant et volontaire; c'est le moyen que tout le monde vous résiste.

---

22. *La chose la plus aisée devient difficile quand on la fait à contre-cœur.*

---

23. Celui qui ne songe à ses devoirs que quand on l'en avertit, ne mérite aucune estime.

---

24. *Rappelez-vous que celui qui n'a pas mérité la bénédiction de ses parens, ne doit pas espérer la faveur du ciel.*

---

25. Celui qui parle à tout propos et sans réfléchir à ce qu'il dit, s'expose à passer pour un impertinent.

---

26. *Un enfant bien élevé ne parle pas trop en compagnie, n'interrompt jamais la conversation des personnes âgées, et répond avec modestie quand on lui adresse la parole.*

---

27. Il est fort bien de questionner pour s'instruire, mais il faut le faire à propos et sans importuner les personnes qu'on doit respecter.

---

28. *Souvenez-vous qu'un enfant curieux, qui va furetant et écoutant partout, est un être incommode à tout le monde.*

---

29. La désobéissance est une marque d'ingratitude. L'enfant reconnaissant, qui aime ses parens, qui sent ce qu'il leur doit, est toujours empressé de se soumettre à leur volonté.

---

30. *La religion commande de rendre le bien pour le mal; que peut donc espérer celui qui rend le mal pour le bien? Voilà pourtant ce que fait l'enfant qui afflige volontairement ses parens.*

---

31. Vos premiers bienfaiteurs sont vos parens, qui vous ont mis au monde et élevés; les seconds sont les personnes qui vous instruisent et dévelop-

pent votre raison. Vous avez un moyen de leur prouver votre amour et votre reconnaissance, c'est la docilité.

---

32. *Plaignez celui qui se plaint de s'ennuyer toujours, car il est impossible qu'il ne soit pas lui-même fort ennuyeux.*

---

33. Plaignez aussi celui qui ne trouve jamais personne aimable, car il est certain qu'il n'a pas le don de se faire aimer.

---

34. *Plaignez enfin celui qui se montre empressé de faire remarquer les défauts d'autrui, car il y a lieu de croire qu'il en est abondamment pourvu lui-même.*

---

35. Rappelez-vous que les jours de repos ne doivent pas être un temps d'oisiveté, car l'oisiveté prolongée ne repose pas : elle fatigue plus que le travail.

---

36. *On se délasse en variant ses occupations et en jouant à des jeux qui exercent le corps et l'esprit ; mais en restant inactif, on s'ennuie, et l'ennui est la plus fatigante chose du monde.*

---

37. *Quand vous êtes seuls, pensez toujours qu'il y a là haut un œil qui vous voit.*

---

38. Avant de faire une action qui vous inspire quelque scrupule, demandez-vous si vous la feriez devant votre mère.

---

39. *Si vous êtes arrêtés par quelque difficulté dans votre travail, songez au plaisir que vous éprouverez quand vous l'aurez surmontée.*

---

40. Pensez, dès le matin, à la satisfaction qu'on goûte le soir, quand la journée a été bien employée.

---

41. *N'oubliez pas que, quand les autres seront contens de vous, vous serez contens de vous-mêmes.*

---

42. Rappelez-vous qu'il y a dans les mots *piété filiale* quelque chose qui exprime que votre père et votre mère représentent Dieu sur la terre.

---

43. *N'oubliez pas que rien ne fait éviter plus de contrariétés que l'habitude de la docilité.*

---

44. Pensez le matin à ce que vous devez faire dans la journée, et le soir à ce que vous avez fait.

---

45. *Veillez sur vous-mêmes, afin de n'être point surpris par la tentation ; priez, afin d'obtenir la grâce d'y résister.*

---

46. Avant de vous glorifier du savoir que vous avez acquis, songez à tout ce qui vous reste à apprendre.

---

47. *C'est une grande impolitesse de ne pas être attentif aux discours des personnes qui vous parlent, et de s'exposer à la nécessité de faire répéter une question pour pouvoir y répondre.*

---

48. *Faites chaque chose en son temps; employez chaque chose à son usage ; mettez chaque chose à sa place. C'est le moyen de réussir dans ce que vous faites, de tirer le meilleur parti de tout, et de vous épargner de la peine.*

---

49. Avant de condamner les autres, il faut se rappeler qu'on a soi-même besoin de l'indulgence d'autrui.

---

50. *Rien n'est plus odieux que le ressentiment des injures, si ce n'est l'oubli des bienfaits.*

FIN.

TABLE

DES MATIÈRES DE LA SECONDE PARTIE.

ORTHOGRAPHE IRRÉGULIÈRE

EXERCICES GÉNÉRAUX.

FIN DE LA TABLE DE LA SECONDE PARTIE.

www.ingramcontent.com/pod-product-compliance
Ingram Content Group UK Ltd.
Pitfield, Milton Keynes, MK11 3LW, UK
UKHW021232230726
13926UKWH00003B/1386